KB069537

대화의 달인 황희에게 배우는 소통의 철학

대화의 달인 황희에게 배우는 소통의 철학

박진아·박성희 공저

학지사

머리말

　방촌 황희(1363~1452년) 정승은 고려 공민왕 때부터 조선 문종 때까지 총 90세를 살았다. 그는 87세에 사임하기까지 무려 58년간 관직 생활을 하였는데 그동안 육조의 판서를 모두 거쳤고, 삼정승의 자리를 24년간 지냈으며, 영의정을 19년간 역임하였다. 사이사이 있었던 휴직과 파직 기간을 감안하더라도 일생을 거의 관직 생활로 보낸 셈이다. 황희는 슬하에 3남 1녀를 두었고, 생존해 있을 때 이미 69명이나 되는 손자녀를 두고 있었다. 정승의 아들들도 모두 상당한 지위에 오르거나 벼슬을 하였다. 그중 장남 치신은 호조판서에 올랐고, 삼남 수신은 영의정에 올라 아버지와 아들 2대가 영의정에 오르는 영광을 누리기도 했다.

　하지만 시대의 청백리요, 명재상이며, 존경받는 아버지로 알려진 황희 정승에게도 흠결이 있었다. 『세종실록』과 『문종실록』을 살펴보면 황희 정승이 뇌물을 받은 일, 사건 조작에 관여한 일, 매직(賣職)한 일, 간통사건에 연루된 일 등이 기록되어 있다. 문종실록에는 '성품이 지나치게 관대하여 제가에 단점이 있었으며, 청렴결백한 지조가 모자라서 정권을 오랫동안 잡고 있었으므로 자못 청렴하지 못하다는 비난이 있었다.'라는 인물평도 실려 있다.

그럼에도 황희가 그렇게 오랫동안 고위직을 유지하며 명재상으로 평판이 난 데는 그럴만한 이유가 있다. 포용성 있게 다른 사람을 이해하고 배려할 줄 아는 넓은 도량, 다른 사람의 중심을 잘 읽고 적절하게 대응할 줄 알았던 지혜가 그것이다. 황희가 세상을 떠난 후 국가에서 붙여 준 시호 '익성(翼成)'의 '익'이 '깊이 있게 사려할 줄 아는 지혜'라는 뜻을 담고 있는데, 이는 정승의 삶을 잘 요약하고 있다. 필자들은 황희의 이 사려 깊은 지혜는 상대방의 말을 잘 '들어 주기'에 있다고 생각한다. 황희 정승의 들어 주기에는 현대 상담학자가 혀를 내두를 만한 대화의 철학과 기술이 담겨 있다. 상대방의 마음을 잘 읽고 깊이 들으면서 대화를 전개하는 황희 정승이야말로 제3의 귀를 가지고 경청할 줄 아는 대화의 달인이었다. 황희 정승이 훌륭한 자녀교육을 하고 58년에 이르는 관직 생활을 성공적으로 마친 비법이 바로 여기에 있다고 여겨진다.

이 책은 대화의 달인 황희를 좀 더 가깝게 조명하여 그의 소통방식을 철저히 분석하고, 여기에서 현대를 살아가는 우리들에게 도움이 될 소통의 지혜를 얻으려고 하였다. 필자들의 예상대로 황희의 소통방식에는 정교한 소통 지식들이 숨어 있었다. 그의 대화에서뿐 아니라 몸과 행동 그리고 사람을 대하는 태도에서 바람직한 소통을 향한 깊은 철학과 원리를 읽어 낼 수 있었다. 황희의 소통은 단순히 메시지를 주고받는 수준이 아니라 서로의 마음을 얻어 함께 성장하는 참만남의 수준에서 이루어지고 있었다.

요즘 소통 문제로 세상이 시끄럽다. 소통의 원활화를 위한 첨단 기기와 SNS 같은 사회통신망이 예전에는 상상할 수 없을 정도로 발달하였다. 그리하여 사람들은 온통 스마트폰을 포함한 IT 기기에 빠져 산다. 전철에서도, 카페에서도, 심지어 애인과 만나서도 소통 기기를 들여다 보느라 바쁘다. 그런데도 사람들의 외로움과 고립감은 더 깊어만 간다. 대화의 양은 늘었는데 고립감은 늘어 가는, 이상한 현상이 곳곳에서 발견된다. 이것은 대화의 질, 소통의 질이 떨어지기 때문이라 추측된다. 이렇게 모순된 상황에 사는 우리에게 황희의 소통방식은 좋은 해법이 될 수 있다. 온 정성을 다해 소통에 임하고, 수준 높은 맞춤형 소통을 통해 서로의 품격을 높여 가는 일이야말로 이 시대를 살고 있는 현대인들이 배워야 할 소중한 자산이다.

언젠가 한 대학교수가 아침방송에 나와서 들려 준 소통에 대한 강연 중 지금도 인상 깊게 남아 있는 말이 있다. 바로 '소통이 없으면, 고통이 온다.'는 말이다. 아마도 진정한 소통이 결여된 상황을 일컫는 것이리라. 진정한 소통의 부재라는 외침이 큰 오늘날, 진정한 소통이 무엇이고 어떻게 하는 것이 품격 있는 소통인지 소통의 달인 황희에게서 그 해답을 찾아보자. 끝으로 이 글은 황희의 소통방식을 '언어 소통'과 '비언어 소통' 그리고 '태도 소통'으로 나누어 살펴본 것이며, 청주교육대학교에서 발표한 박진아의 석사학위 논문을 책의 형식에 맞게 재구성한 것임을 밝혀 둔다.

2015년
필자 일동

차 례

제1부
언어 소통

언어 소통은 말과 글을 활용한 소통이며,
논리 소통, 웃음 소통,
비유와 역설의 소통, 시서 소통으로 나뉜다.

1. 논리 소통

논리는 말이나 글에서 자신의 생각을 앞과 뒤의 이치에 맞도록 전개하는 과정 내지는 그 과정에 필요한 원리를 말한다. 따라서 여기서 논의할 논리 소통은 상대방과의 소통과정에서 자신의 생각을 오류나 결함이 없이 전개하여 자신의 뜻을 상대방이 이해하게 만드는 소통을 뜻한다. 다시 말해 '상대방과의 소통에서 오류를 범하지 않는 사고(思考)의 형식과 규칙을 통해 자기생각을 이치에 맞게 이끌어 가면서 소통하는 것'이 논리의 소통이다. 객관적 근거를 들어 상대방을 설득한다든가, 자기 생각의 객관성과 타당성을 보장받으려는 다양한 노력은 모두 논리적 소통을 가능케 하려는 방법이다. 황희의 논리적인 소통방식은 황희와 세종의 기복 왕복 논리에 잘 드러나 있다. 세종 9년 황희가 좌의정에 승진되고 그 해 7월 모친상을 당했을 때 임금은 기복을 명하였는데, 이 때 선생은 여러 차례 사양하였으나 임금 역시 이에 굴하지 않고 서너 차례 손수 글을 내려 보내 권하여 선생은 불가피 취임할 수밖에 없게 된다. 이 상소문과 비답에서 두 군신(君臣) 각각의 간절한 소망과 충과 효에 관한 왕복논리(往復論理)를 자세히 엿볼 수 있는데, 다음의 상소문을 살펴보자.

세자를 모시고 명나라에 가서 황제를 알현하라는 전지를 내리시고, 아울러 신에게 의정부 좌의정을 제수하시어 곧 기복출사하라고 명하시니, **신은 놀라운 마음으로 몸 둘 바를 모르겠습니다**(감정). 삼가 생각하옵건대, **천자로부터 서민에 이르기까지 부모에게서 태어난 것은 매한가지입니다**(생각 개진을 위한 전제).

그러므로 성인께서 부모상에 삼년복을 입도록 하여 온 천하의 통상적 상제로 삼은 것입니다. 어진 이도 그대로 지키고 불초한 자도 그대로 따르도록 했으니, **이 삼년상이란 제도는 고금을 막론하고 제왕의 큰 전례**(興禮)**입니다**(전제에 대한 부가 설명). 신이 이전 임오년에 부친상을 당했을 때에 겨우 석 달 만에 기복하게 되어 삼년복을 제대로 입지 못했습니다. 그때는 피치 못할 상황에 어쩔 수 없이 자식 된 도리를 다하지 못했으나, 지금 와서 돌이켜 생각하면 슬픈 감정이 마음속에 얽힘을 금할 수 없습니다. 지금 또 죄가 천지에 가득 차자, 갑자기 화가 닥쳐서 어머님이 세상을 떠났습니다. 이 애통한 일을 당해 오직 상제에 따라 망극한 정을 조금이나마 풀어볼까 하는데, 겨우 석 달을 넘기자 문득 기복하라는 교명을 받게 되었으니 **하늘을 쳐다보아도 부끄럽고 땅을 내려다보아도 부끄러우며 또 황공한 심정도**(근거 1) 이루 말할 수 없습니다.

대개 남의 마음을 빼앗고 기복하라는 것은 진실로 좋은 법이 아닙니다. 전쟁으로 위급하고 어려울 때에 국가의 안위를 책임지고 있는 사람이라면 부득이하여 임시로 그렇게 할 수도 있겠으나, **요즈음처럼 무사태평한 때에 어찌 부득이하다 하여 권도**(權道)**로 행하는 제도를 못난 신에게 적용하여 예부터 내려오는 큰 전례를 무너**

뜨리려 하십니까?(근거 2)

또한 **세자를 모시고 중국에 들어가 황제를 뵙는 일을 어찌 신과 같이 우매한 사람이 맡을 수 있겠습니까?**(근거 3) 순수하고 올바르며 성품이 강직하고 밝으며 지식이 전고에 통달하고, 안으로 행실에 실수가 없고 밖으로 비방을 듣지 않는 자를 택해야만 진실로 여러 사람에게 인정도 받고 직책을 잘 수행하지 못할 부끄러움도 없을 것입니다.

신은 본래 평범하고 얕은 자질임에도 불구하고 다행히 성은을 입어 재보(宰輔)의 직에 이르렀으나 늘 잘못하지나 않을까 하는 부끄러움만 앞섭니다. 하물며 지금 애통한 마음을 잊어버리고 임금의 은총만 탐하여 상복을 벗고 길복을 입는다면, **이는 지켜야 할 예절이 어지러지고 염치도 아울러 없어져 명분과 교화에 죄를 짓고 사회 일반의 여론을 희롱하는 것이 됩니다**(근거 4). 이같이 옳지 못한 행실로써 이토록 큰 임무를 맡는다는 것은 정말 안 될 일입니다.

전하께서는 신의 용렬함과 우매함을 보살피시고 신의 간절하고 절박함을 불쌍히 여기시어, **기복의 명을 도로 거두어들이시고 신에게 상제를 끝마치도록 하시어, 전하의 효치를 빛나게 하고 국가의 풍속을 장려하옵소서**(자기 주장). 이렇게 하시면 더 없는 다행인 줄로 생각합니다.

그러나 세종은 윤허하지 않고 다음과 같이 비답(批答)한다.

삼년상을 치르려 하는 것은 효자의 간절한 심정이긴 하나 국가를 위해서 권도를 따르는 것 또한 신하로서 꼭 해야 할 일이로다. 또 **재보의 책임이란 본래 서민과 같지 않고, 하물며 세자의 행차는 국가에서 소중히 여겨야 할 일이다**(전제).

경은 정성과 지성을 다 하고, 겉으로 꾸밈없이 도량이 깊고 침착하며, 지혜도 있이 한 시대에 드물게 뛰어난 식견을 쌓았고 또한 **세상을 경영할 만한 큰 재목**(근거 1)이다.

지난 번에도 기복한 적이 있는데(근거 2) 왜 지금은 교명을 굳이 사양하려 하는가? 경의 애통한 심정을 모르는 바 아니지만 내가 정성껏 불러들이는 것도 경솔히 여길 수 없을 것이다.

임금과 부모란 오륜에 있어서 명위만 다를 뿐이며 **충성과 효도란 두 길이 아니고 하는 일은 모두 한 가지다**(근거 3). 병란이 생겨 국가의 안위가 달린 때에만 기복하게 된다 하더라도 이 세자의 일보다 더 중대하다 할 수 있겠는가?

또 상복을 입은 상인으로서 권도에 따라 기복하는 것도 역시 그 사람에 따라 다른 것이다. 이런 까닭에 경이 모친상을 당해 조정을 떠난 이후부터 돌아올 때까지 그 자리에 비워놓고 기다리고 있었다. 겨우 석 달이 지났으니 애통한 마음은 당연히 견디기 어려울 것이나 **나에게 보필할 일도 가볍게 할 수 없지 않겠는가?**(근거 4)

장수와 재상으로서 기복하는 일은 평상시에도 하는 일이지만, 세자가 명나라에 들어가 황제를 알현하는 일은 다른 일에 비할 수 없는 큰일이다. **또한 세자가 어리고 체질이 약하니 넉넉히 보필할 만한 대신에게 의뢰하지 않을 수 없다**(근거 5).

나의 간절한 소망에 따라 빨리 취임하기 바랄 뿐이며 아무리 사양

하고 피하려 해도 **윤허하지 않겠다**(주장).

임금은 이렇게 응교(應敎) 안지를 시켜 사양하는 전을 황희 정승의 본가로

보내 되돌려 주었다. 그러나 다음날, 황희는 또 전을 올려 임금께 아뢴다.

신이 전 날에 마음속에 품은 황송한 생각을 아뢰어 상제를 마치기

를 청했으나 정성과 간곡함이 미흡하여 허락을 얻지 못했으니, 신

은 **더욱 부끄러워 어찌할 바를 알지 못하겠습니다**(감정). 이제 성상

의 위엄을 모독함을 무릅쓰고 다시 거짓 없는 진정을 아뢰어 기어

이 허락을 받은 후라야만 그만 두겠습니다.

신이 삼가 생각하건대, **충과 효는 신하와 자식의 큰 도리이므로 어**

느 한 가지도 없어서는 안 될 것입니다(전제). 사람이 효도를 다 하

지 않는다면, 백행이 무너지게 되어 국가에 충성도 제대로 해낼 수

없게 됩니다. 송나라 주희의 제자 채침이 '서경'을 풀이한 책 서전

(書傳)에 이르기를, '충신은 반드시 효자의 가문에서 구한다.'라 한

것도 진실로 이 때문입니다……

지금 만약 영화를 탐하여 상복 입는 기간을 줄이고 성인이 세운 법

도를 무너뜨린다면, 이는 신이 스스로 행실을 잘못하는 것이 되는

데 **장차 무슨 도리로 풍속을 장려**(근거 1)하겠습니까?……

신이 비록 노쇠하오나 외람되게 재상의 자리에 있으면서, 어찌 하

찮은 몸을 아끼어 명나라에 들어가는 것을 꺼리오리까? 돌아보건

대 그 중요한 소임은 시기를 놓치지 않고 동궁을 모시고 가서 황제

를 뵙게 하는 일인데, **신과 같은 사람은 능히 감당할 바가 못 됩니다**(근거 2). 자신의 무능력과 불초함을 스스로 헤아리지 못하고 사퇴하기를 회피하여 감당하지 못할 큰일을 맡았다가 실수하여 국가적 수치에 이르기라도 하면 신의 죄는 몸이 가루가 될지라도 어찌 속죄할 길이 있겠습니까?

주상 전하께서는 신이 처한 간절한 상황을 불쌍히 여기시어 **내리신 명을 도로 거두어들이셔서**(주장) 신으로 하여금 상제를 끝마치게 하시고, 새로 어질고 능한 이를 가려 중임을 맡기시어 명분과 교화를 세우시옵소서.

그러나 세종은 이 전을 예문관 직제학(直提學) 유효통에게 명하여 황희에게 다시 돌려 주게 하였다. 임금이 끝내 윤허하지 않고 출사할 것을 계속 독촉하고, 세자가 명나라로 출발해야 할 날짜도 점점 가까워오므로 황희는 하는 수 없이 명나라에 갈 작정을 하고 출사했다. 그런데 열흘 뒤에 세자의 행차가 취소되자 황희는 대궐에 나아가 "엎드려 바라옵건대, 돌아가 상복을 입고 삼년상을 마치도록 허락하소서."라고 아뢰었다. 그러나 세종은 황희를 다시 붙들고 "경의 기복은 단지 세자가 황제를 뵙는 일만을 위한 것이 아니오. 더구나 대신의 기복은 조종이 세우신 법이니 그 청을 허락할 수 없소."라며 기복하였다.

기복된 황희는 또 전을 올렸다.

신이 삼가 생각하건대, 오직 **인신**(人臣)**의 출처**(出處)**는 하늘을 우러러 부끄럽지 않고 땅을 굽어보아도 아무런 부끄러움이 없을 정도**

라야 풍속을 권려할 수 있고 성치(聖治)를 도울 수 있는 것입니다

(전제).

근일에 임시 조처로 상중임에도 신을 기복시켜서 좌의정을 제수하신 것은 세자를 모시고 명나라 조정에 들어가라고 하신 것이었으므로, 신이 끝내 사양할 수 없어 상복을 벗고 길복으로 바꾸어 입고 장차 모시고 갈 결심을 했으나, **다행히 그 행사가 정지**(근거)되었습니다.

엎드려 바라옵건대, 성상께서는 신이 슬퍼하는 정상을 살피시고 늙고 병든 것을 가엾게 여기시어 **벼슬을 도로 거두시고**(주장), 신으로 하여금 한가롭게 거처하면서 건강이나 살피게 하시옵소서.

세종이 전을 읽어 보고 말하기를 "대신을 기복하는 것은 조종(祖宗)께서 이루신 법으로 **육전**(六典)**에 실린 바**(명령)다."하고 집현전 정자(正字) 김문효를 시켜 그 전을 돌려보냈다고 한다(황대연, 2010: 101-107).

황희와 세종의 효와 충의 왕복 논리에서 볼 수 있듯이 황희의 기복사양(起復辭讓) 논리는 진실로 간절한 바가 있으며, 허락하지 않겠다는 세종의 반대 논리 역시 타당한 근거를 가지는 동시에 설득력 있게 개진되고 있어서 둘의 논리 소통은 팽팽한 긴장감을 주며 전개되고 있다. 황희의 논리는 '효'가 강조된 충효의 논리이며, 세종의 논리는 '충'이 강조된 충효의 논리다. 유학(儒學)과 성리학(性理學)을 학문의 근본으로 삼으며 주자가례(朱子家禮)를 중히 여기던 재상의 위치에 있던 황희 입장에서는 모친상을 당하여 3년의 복(服)을 입는 것이 효성을 다하는 길이었을 것이다. 그러나 한편으로 세

자의 조정 입견 역시 당시의 시대적 상황에서는 국가의 중대사라 하지 않을 수 없기에 효와 충 사이에서 황희는 고민도 하였을 것이다. 이 왕복 논리에서 결국 황희는 임금의 윤허를 받지 못함으로써 소통에 실패하였다고 말할 수 있으나, 마지막에 세종이 권도(權度)를 발휘하여 법을 근거로 명령함과 동시에 종결한 부분을 세종이 황희의 철저한 논리적 소통에서 더 이상 이길 자신이 없어서라고 추측해 본다면, 황희의 소통이 실패한 것만은 아니라고 할 수 있다.

황희는 자신이 기복에 응할 수 없다는 주장을 펴기 위해 처음에 자신의 현재 마음상태를 표현하였고, 그것에 대한 자신의 생각들을 개진하기 위해 우선 큰 전제를 말하였다. 그리고 그 전제에 의거한 논리들을 차례대로 개진하면서 마지막에 자신이 하고 싶은 말을 하는 형식을 취하고 있다. 즉, '감정→생각 개진을 위한 전제→전제의 의한 근거 1, 2, 3……→주장'이라는 논리의 형식을 쓰고 있는 것이다. 상대방을 설득하기 위해서 우리는 일반적으로 주장과 그 주장을 뒷받침하는 사실적인 논거를 갖추어야 하는데, 황희의 논리적 형식은 이를 모두 갖추고 있다. 특히 사실에 입각한 전제들을 근거 앞에 말함으로써 근거들에 대한 객관성을 높였다.

황희의 논리적 소통의 형식을 정리해 보면 [그림 1-1]과 같다.

[그림 1-1] 황희의 논리 소통 형식 1

설득의 요소 중 '사실'은 황희의 논리에서는 '전제'로 표현되고 있다. 또 황희의 논리에서는 논리적 전개로 대화를 이끌기는 하지만, 자신의 감정을 먼저 표현해 주고 마지막에 주장을 하고 있다는 점이 설득의 요소와 차별화된 부분이기도 하다. 감정을 먼저 표현한 것은 바로 우리의 관계 지향적 문화에서 기인한다. 상대방을 설득하려면 우선 자신의 감정에 호소하여 인간적인 측면을 부각시키는 것이 현명한 것이다. 주장을 나중에 하는 것은 직접적이고 직설적인 표현보다는 간접적이고 우회적인 표현을 하는 것을 예의와 미덕이라고 생각하는 한국의 대화 문화 때문이다. 예부터 대의와 명분을 중요시 하는 유교의 강력한 영향력 아래 있던 우리나라에 그러한 대화 문화가 형성된 것은 자연스러워 보인다. 미루어 보건대, 황희는 철저한 유교적 철학에 입각한 재상이었으므로 상당부분 이러한 영향을 받았을 것이다. 처음부터 직접적으로 자신의 주장을 내밀기보다 자신의 감정과 논리적 근거들을 충분히 개진한 후에 자신의 주장을 꺼내는 우회적인 표현 방식이 체면을 손상시키지 않으면서 성공 확률을 높이는 대화법이라고 여겼을 법하다. 앞의 기복논리에서는 세종 역시 황희의 논리방식과 동일하게 자신의 생각을 개진하는데, 황희의 논리는 왕복 3회차로 갈수록 점점 짧아진다. 상대방과 자신의 주장과 상반되는 상황에서 시간이 갈수록 길게 대화하지 않고 핵심적인 내용중심으로 짧게 논리를 전개하고 있는 것이다.

황희의 이러한 논리적 소통 방식은 다음 대화에서도 발견된다.

태종은 큰 죄를 저지른 이저를 뚜렷한 명분도 없이 용서했다. 이에 대간들이 그 부당함을 아뢰면서 이저를 멀리 귀양 보내야 한다고 주청했다. 이에 태종은 "내가 여러 번 생각해 보아도 대간들이 내 명령을 따르지 않는 것은 대간만의 뜻이 아니라 바로 조정의 뜻이다. 내가 덕이 없어 나라 임금으로 적당치 못해 신하가 명령을 좇지 아니하니, 내가 정사를 볼 수 없다. 너희는 모두 나가라.”라고 대응하였다. 그러자 황희가 “신 등에게 죄가 있으면 벌을 달게 받겠습니다만, 지금 대간 때문에 신 등까지 모두 내치시니 **무슨 근거에서인지 알지 못하겠습니다**(주장). **임금의 일언일동은 만세에 전해지는 것**(근거 1)입니다. 신 등이 출입이 어렵게 되었다 하여 어찌 이대로 가만히 있겠습니까? 또 중관으로 하여금 대언사를 폐쇄하려 하시니 신 등은 위로는 임금의 엄명이 두려우나 **아래로는 맡은 바 직책을 지키지 않을 수 없어**(근거 2) 물러나지 못하니 **황공하여 어찌할 바를 모르겠습니다**(감정).”라고 아뢰었다. 이에 격분한 태종이 “너희도 나를 가볍게 여기느냐?”라 하였지만 황희의 논리가 정연하므로, 태종은 이윽고 노희봉으로 하여금 승정원의 봉쇄를 풀게 했다(황대연, 2010: 48~49).

황희는 논리의 형식 요소 중에서도 근거를 매우 중요시 하였는데, 주로 옛 성현들의 역사적 사례나 문헌글귀, 또는 자신의 경험을 통한 주관적 사실들, 상대방이 원하는 그 행동이 가져 올 불이익, 상대방이 할 행동이 초래할 부정적 결과, 숫자와 객관적 데이터 등을 근거 자료로 삼았다.

1) 문헌을 인용하여 자신의 근거를 제시

황희는 의창(義倉)을 보충하는 방책에 관한 계(啓)를 올리면서 “나라는 백성으로서 근본을 삼고, 백성은 먹는 것으로 하늘을 삼는다 하였습니다. 그러므로 홍범 8정에 먹는 것과 화폐를 위선한다 하였으니, 공자는 말씀하시기를 먹는 것과 병(兵)이 족해야 백성들이 믿는다고 했습니다. 또 말씀하시기를 소중한 것은 먹는 것, 상례, 제사라고 했습니다."라고 하였다.(황대연, 2010: 177)

또 고흥진(高興鎭)을 옮기는 문제에 대하여 "『춘추(春秋)』에 아무리 보잘것 없이 쌓은 성이라도 모든 성을 대서특필로 빠짐없이 적어 놓은 것은 백성을 괴롭힌 일을 중히 여겼기 때문입니다. 지금 한 군(郡)을 옮기고 성을 쌓는 수고로움을 어찌 바둑돌을 들고 정하지 못하는 정의 차이뿐이라 하겠습니까?"라고 하였다(황대연, 2010: 188).

2) 전례나 역사적 사례 등을 통한 근거를 들어 자신의 의견을 개진

태종이 지신사 황희를 생원 시관(試官)에 임명하려 했는데, 황희는 "전례에 따르면 생원 시관으로 반드시 성균관 대사성을 임명했습니다. 신은 학문이 천박하나 유백순은 학문이 넓고 인품이 노성(老成)하니, 청컨대 그를 시관으로 삼으소서."(황대연, 2010: 37)라고 말하며 즉석에서 사양하였다.

또, 조선 전기 조세 정책의 혼란과 관련하여 임금 앞에서 여러 중신이 손실급손법과 공법의 장단점을 들며 저마다 주장을 펼쳤다.

> …… 신이 선유(先儒) 호일계(송나라 학자)가 저술한 『고금통요(古今通要)』를 보니, 역대 제왕을 논하면서 삼대(三代) 이하에 와서는 온전히 어진 임금이 하나도 없고, 다만 송나라 인종(仁宗)에게만 '아무 결점이 없다'고 했습니다. 인종의 업적을 살펴보니, 천천히 늦추어 시간을 두고 처리할지언정 엄하고 각박한 정사를 펴지 않았으며, 변경

하라는 청을 거절할지언정 조종 때부터 쌓아 온 법을 허물지 않았습니다……. 송나라 인종은 재위 기간 중에 미련하다고 할 만큼 법을 고치지 않은 결과, 역대에 허물없는 정치를 했다는 평을 받았으나, 고려는 사흘이 멀다 하고 법을 고친 결과, 국가 정책을 사흘도 끌고 가지 못한다는 '삼일공사(三日公事)'라는 비난을 면치 못했고 결국 멸망하고 말았습니다……(황대연, 2010: 186).

이처럼 황희는 객관적인 역사적 사례들을 증거로 제시하며 의견을 피력하였다.

3) 자신의 경험을 근거로 사용

태종 8년에, 호군(護軍) 목인해가 태종의 둘째 부마인 평양군 조대림을 역모로 고발하였다. 이에 지신사 황희가 연락을 받고 급히 입궐하였다. 태종이 황희에게 말하였다.

"들으니 평양군이 역모를 꾀한다 하는데, 궐내를 너무 소란하게 하지는 말고 계엄령을 발하여 철저히 대비하라."

"누가 주모자입니까?"

"조대림과 친분이 있는 조용, 그자일세."

"조용의 사람됨으로 보건대 아비와 임금을 시살(弑殺)하는 일은 결코 하지 않을 것입니다."(황대연, 2010: 38)

결국 황희가 사건 진상을 밝혀내어 목인해가 꾸민 일임이 드러났고, 임금이 아끼는 조대림의 목숨을 구할 수 있었다. 황희는 태종의 명령에 복종

하기보다 오히려 자신의 경험을 통한 조용의 사람됨을 떠올리고 이성적으로 생각하여, 임금 앞에서도 논리적인 생각을 전개하였던 것이다.

4) 객관적인 예법을 근거로 사용

명나라 칙사로 내관 유경과 예부낭중 양선이 우리나라를 방문했을 때의 일이다. 세종은, 중국어를 유창하게 구사할 뿐 아니라 외교의 달인으로 정평이 나 있는 황희를 원접사(遠接使)로 삼아 선온(宣醞)을 내려 평양까지 나가 영접하도록 명했다. 세종 5년 4월 7일, 칙사를 영접하는 공식 행사가 열렸고 세종은 만면에 희색을 띠고 칙사에게 마음껏 술을 들도록 권했다. 그리고는 세종이 환궁하자, 칙사는 기다렸다는 듯 관반 황희에게 "오늘 잔치에서 전하께서는 효령대군이 술을 올릴 때 어찌하여 일어서서 잔을 받으셨소? 군신간의 법도는 지엄하거늘 임금이 신하의 술잔을 일어서서 받는 법은 없지 않소?"라며 허점을 발견했다는 듯한 태도로 물었다. 그러자 황희는 "군신의 지위로 봐서는 이와 같이 하는 것이 옳지 않으나, 전하께서 일어서신 것은 천륜을 중히 여긴 것이오. 조선은 법도보다 예의를 소중하게 여기므로 인륜보다 천륜을 더 중시하는 나라입니다. 특히 전하께서는 효성이 지극하여 부왕이 승하했으므로 형을 부모에 버금가는 어른으로 섬기고 있는 터입니다."라고 대답하였다. 황희의 설명을 다 들은 칙사가 감탄하며 "듣고 보니 참으로 옳은 말이오. 옛날 촉부전하가 들어와 황제를 뵈올 때 폐하가 동궁에게 명하여 연회에 나가게 하면, 동궁은 촉부전하께 길을 양보했었소. 오늘날 전하께서 효령대군을 대우하는 예 또한 우리 동궁과 꼭 같소이다."라면서 세종의 덕을 칭송하고 찬미했다.

또, 칙사일행이 사제례를 마치고 태평관에 돌아온 칙사가 황희에게 "부생으로 양, 돼지, 거위가 한 마리씩 있으니 내일 사부(賜賻)할 때에 이것들도 가져가는 것이 좋겠소."라고 하자, 황희가 "사부는 황제가 내리는 것이고, 이것은 두 칙사가 사사로이 주는 것이니 오늘 가져가는 것이 옳을 것 같소."라며 조용히 말했다. 그러자 황희의 말을 듣고 깜짝 놀란 칙사가 얼른 "그대의 말이 참으로 옳소. 이것은 즉시 가져가도록 하시오."라고 하였다(황대연, 2010: 75-77).

칙사는 아무 생각도 없이 내일 사부를 가져갈 때 같이 가져가라고 인심 쓴 것인데, 관반 황희의 날카로운 지적에 정신이 바짝 든 것이다. 칙사가 귀국할 날이 가까워지자 임금은 황희 등을 시켜 석등잔 등 토산품 몇 가지를 선물로 하사하니, 칙사는 오히려 '전하의 은덕을 받은 것이 이미 두터웠소'라고 말하며, 의복, 석등잔, 인삼만 받고 나머지 물건은 받지 않았으며, 두 칙사가 그 전에 받았던 말 아홉 필을 되돌려 주면서 이미 전하의 은혜가 극진하였고, 귀국의 형편으로 보아 말 아홉 필은 과한 것 같다며 돌려주었다.

황희의 예리하고도 날카로운 지적, 철저한 예법을 근거로 한 대화에 칙사들은 조선이 자신들이 상상했던 그 이상으로 예절 바른 나라였다는 생각을 함은 물론 자신들은 상대적으로 욕심 많은 탐욕자로 비춰져 본국의 오명이 되지는 않을까 두려웠던 것이다. 트집 잡으려는 상대방을 제압하는 가장 좋은 방법은 객관적인 근거들을 가지고 논리적이고 사실적인 대화기법을 통해 대화하는 것이다. 누구도 사실과 근거 앞에서는 반론을 제기할 수 없음이다. 어떤 분야의 전문가들 앞에서 보통 식견으로 잘못 이야기 했다가는 괜히 망신당하기 쉽다는 말이다. 또 상대방이 예의와 범절, 법도를 매우 중요시 여기는 칙사라는 점을 고려하여 황희가 철저한 예법을 가지고 응수해 준 점은 상대의 근거에 따라 물음을 달리하며 소통하는 선문답적인 소통법과도 유사하다.

5) 상대방이 할 행동이 초래할 부정적 결과를 제시

어느 날, 태종이 "짐이 이미 『태조실록』을 읽은 만큼 짐의 실록을 읽는 것도 문제될 것이 없지 않느냐."라고 하자, 황희가 "전하, 저는 반대이옵니다. 첫째, 『태조실록』엔 임금이 직접 관계되는 일이 없으나 전하의 실록은 임금이 직접 목격하고 경험한 사건들이 기록되어 있어 자칫 개인적인 감정으로 평가할 수 있습니다. 둘째, 임금이 실록을 보다가 그에 대한 평가를 내리게 되면 실록을 만든 신하들이나 사초를 작성한 사관들의 마음이 편하지 못할 것입니다. 셋째, 게다가 실록 편찬에 참여했거나 실록에 기록된 사람들이 아직도 살아 있는 만큼 임금이 그 내용을 읽는 것은 좋지 못할 것입니다." (박영규, 2011)라고 하였다.

이러한 황희의 주장에 임금은 결국 『태조실록』을 읽는 것을 포기한다. 또 태종이 신의왕후의 혼전(魂殿)을 창덕궁 북쪽에 다시 지으려고 하면서, 불당도 같이 지으려고 하였다. 그러자 황희는 "불당 하나를 짓는 것은 폐해가 없다고 하지만, 후세에 전례가 되니 옳지 않습니다."라고 말하며 불당을 궁궐 경내에 지어서는 안 된다고 직간을 하였으며, 임금은 결국 황희의 건의를 받아들여 더 이상 불당 이야기를 하지 않았다(황대연, 2010: 37).

앞의 대화에서 황희는 상대방이 주장하는 그 행동을 취했을 때 결과적으로 상대방에게 이득보다는 손해가 될 수 있다는 근거들을 제시하여 상대방이 스스로 주장을 포기하도록 만들었다. 사람들은 일반적으로 자신에게 확실한 이득이 있다고 생각하면 그 설득에 따르기 마련이다. 그것이 정신적인 것이든 물질적인 것이든 감정적인 것이든 말이다. 나에게 득이 되는 내용을 상대방이 제안하고 있고 솔깃하게까지 들리는데, 어느 누가 그 말에 따르지 않겠는가. 이 말을 반대로 생각하면 나에게 손해가 되고 불이익이 된다면 행동하지 않는다는 말로 생각해 볼 수 있다. 황희는 사람의 이러한 심리를 파악하여 구체적인 폐단을 근거로 설득에 성공하고 있는 셈이다.

이조판서 황희가 금화도감 창설과 아울러 경수소를 창설하고 도성의 요소에 설치하여 운영하고자 할 때는 다음과 같이 아뢰었고, 임금은 이를 듣고 그대로 시행하라고 명했다(황대연, 2010: 83-84).

"첫째, 불을 끄는 사람이 인정(人定), 통행금지 시각을 알리기 위하여 종을 치는 것이 지난 뒤에 불이 난 장소로 달려가다가, 혹 순찰하는 관리에게 제지를 당하여 제때에 달려가지 못하게 될 수 있으니 그들에게 신패(信牌)를 만들어 주어 밤중에 불을 끄러 간다는 것을 증명할 수 있게 해 주어야 합니다. 둘째, 화재가 발생했을 경우에 각처의 군인은 병조에서 지휘, 감독하게 하고 각 관청의 사내종들은 한성부에서 지휘, 감독하게 하는 것이 효과적이라 생각됩니다. 셋째, 화재가 뜻밖에 발생했을 때 멀리 떨어져 있거나, 혹은 밤이 깊어서 담당 관원이나 군인이 잘 알지 못하여 제때에 불을 끄지 못할 수가 있으니, 의금부로 하여금 종루를 맡아 지키게 하여, 밤낮으로 망을 보다가 화재가 발생한 곳이 있으면 곧 종을 쳐서 소리를 들고 달려가게 해야 할 것입니다."

앞에서와 마찬가지로 현재 방법을 사용할 경우의 불편함 내지 폐단과 이를 없애기 위한 새로운 방법을 근거로 들고 있다.

6) 데이터와 숫자를 구체적 근거로 제시

황희는 자신의 주장에 대한 근거로 데이터와 숫자를 활용하였다. 강원 도에 큰 흉년이 들었고, 신임 감사 황희는 부임하자마자 긴급 구호 대책을 강구하여 굶어 죽는 사람이 없도록 조치한 후, 도내 각 고을을 순시하여 도 민의 어려운 상황을 몸소 확인했다. 이에 황희는 다음과 같이 보고하였고, 세종은 황희의 말을 그대로 따랐다(황대연, 2010: 79).

> 도내 백성 총계 16,000여 호 가운데 환(還), 상(上), 곡(穀)을 안 먹으며 생활할 자가 얼마 되지 아니하며, 초식만 하여 겨우 생명을 보존하 는 실정입니다. 그런데 지금 만일 한 도내 백성 남녀의 명목을 다 조사해서 호조에 관계 공문을 제출하여 회보가 오기를 기다린 뒤 에 진휼(賑恤)하게 되면, 한갓 구황하는 일만 늦춰질 뿐만 아니라 백 성들의 생명이 염려됩니다. 곡식 종자도 환상곡을 절후(節侯)에 따 라 나누어 주지 못하게 되면, 농사가 때를 잃게 될 것입니다. 그러 니 청컨대 의창(義倉)의 환상곡 내에서 62,400석을 먼저 기민에게 식구에 따라 양식과 종자를 계산하여 내어 주고, 시기에 맞추어 구 황하여 주면서 농사를 권면하소서.

또, 왜구의 출몰이 부쩍 심해지자, 임금이 의정부와 여러 조에 명하여 진도에 수령관을 둘 것인지 백성을 육지로 나오게 할 것인지 의논하게 하였다. 이때 황희는 "이제 진도에 사는 백성이 113호니 그 인구수가 필시 500~600명은 족히 될 터인데, 만약 모두 육지로 나오게 한다면 백성들이 집을 잃을 것이고, 만약 그대로 살게 한다면 왜구의 노략질 표적이 될 것입니다. 또 논과 밭이 도합 1,000결(結)이어서 그것이 어떻게든 군수(軍需)에 도움이 될 것이니, 마땅히 성을 쌓고 지키는 군사를 두어 외적을 막아 백성이 안심하고 생업을 하게 해야 합니다."라고 하였다. 그러자 이조판서 허조가 "진도에 고을을 설치하면 수호할 선군(船軍)이 나오기가 어려우니, 수령관을 두지 말고 사는 백성을 몰아낸 후, 뒤에 몰래 들어가는 자가 있으면 철저하게 금지하게 하소서."라고 세종에게 아뢰었다. 그러나 세종은 황희 정승의 의논을 따랐다(황대연, 2010: 157).

세종은 강원도민과 진도의 실상을 눈으로 직접 보지 않고도 어떻게 황희의 상황보고만 믿고 황희의 말을 그대로 따랐을까. 황희의 대화를 보면, 구체적인 데이터를 활용하고 있는데, 굶고 있는 백성과 의창에서 사용할 곡식의 양을 구체적인 숫자로 표현하여 말함으로써 상대방으로 하여금 신뢰감과 신빙성을 주고 협조를 구하는 데 성공할 수 있었던 것이다. 숫자와 같은 사실적인 자료는 사람들에게 그 내용에 대한 신뢰감을 주기 때문이다. 우리가 어떤 대화 주제에 맞는 통계나 자료를 이용하면 객관적인 근거가 되므로 대화의 자신감이 생기고 그 자신감은 대화의 방향과 분위기를 좀 더 쉽게 이끌어 나갈 수 있게 만든다. 황희는 구체적인 데이터를 가지고 사실과 근거라는 논리의 형식에 맞게 대화하는 형식을 취하여 임금의 신뢰를 얻고 결국 자신의 의견을 간택하도록 한 것이다.

우리는 황희가 전개한 대화에서 또 다른 논리의 형식을 찾을 수 있는데 바로 삼단논법이다. 삼단논법은 대전제—소전제—결론의 세 가지 단계로 성립되는데, 황희의 대화에서도 이러한 논리 형식을 찾아 볼 수 있다. 태종이 공신 출신인 총제 연사종을 길주도 찰리사(察里使)로 삼아 동북 방면을 엄히 수비하라고 당부하였다. 그러던 어느 날, 동북면 도순문사 임정에게서 용성에서 전투가 벌어졌는데 찰리사 연사종이 군사를 길주에 주둔시키고, 곧 나와서 구원하지 않아 우리 군사가 패했다는 보고를 받았다. 이때 황희는 **"장수 된 자는 마땅히 새벽에 일찍 일어나 잠자리 위에서 식사를 하고, 구릉 위에 군사를 모아 적의 형세를 돌아볼 것이며, 적이 이미 물러났으면 척후를 나누어 보내어 고지를 점검한 후에 안장을 벗기고 말을 먹이며 군사를 쉬게 해야**(대전제) 합니다. 그런데 지금 노원식 등이 척후를 **제대로 하지 않고**(소전제) 있을 때 적의 주력부대가 갑자기 들이닥쳐 창졸간에 싸웠으니 **어찌 패하지 않을 수**(결론) 있겠습니까?'라며 변방 장수의 태만을 지적하였다(황대연, 2010: 52-53).

또, 일찍이 태종 11년 황희는 대사헌으로서 아뢰었고, 태종은 황희의 건의를 받아들였다(황대연, 2010: 60).

> **"관직을 지키는 자가 그 녹(祿)을 먹는다는 것은 고금의 통상 규칙**
> (대전제)입니다. 그러므로 하는 일 없이 녹을 먹는 것을 사록이라고
> 합니다. **한가하게 일 없이 앉아서 후한 녹을 허비**(소전제)하는 것은
> 녹봉을 주는 원래의 뜻에 합당하지 않으니, **녹을 내리는 의의를 엄**
> **하게**(결론) 하소서."

앞의 대화를 살펴보면, '~는 ~입니다. 그런데 ~입니다. 그러므로 ~하소서.'의 대화구조로 진행됨을 알 수 있다. 연역법은 하나의 큰 전제가 옳다면, 그 전제에 따라 나머지는 논리적으로 맞아 들어갈 수밖에 없는 구조이므로 상대방에게 허점 없는 논리를 펼 수가 있는 것이다. 앞의 논리에서 대전제는 임금도 지켜야 하는 법이므로 어떠한 경우에라도 황희가 이길 수밖에 없는 대화법을 구사했다. 황희는 논리적인 의견을 개진할 때 자신의 의견을 말하기 전에는 상대방의 의견을 먼저 수용하고 긍정해 주었다. 다시 말해 먼저 설득 당하고 나중에 상대방을 설득하는 논리를 폈던 것이다. 다음 대화를 살펴보자.

세종 17년 4월에 임금이 수레 보급 지역을 늘리는 것에 대해 토의할 것을 지시하였다. 조선에 수레가 도입된 것은 세종 시절이 처음이었지만 태종 때부터 시도되어 왔다. 태종 시절, 중국에 머물러 있다가 돌아온 장자화가 물건을 운반하는 데는 수레만 한 것이 없다고 하자 태종이 공인들을 시켜 수레를 만들도록 지시하였다. 그러나 영의정 류정현 등이 우리나라 지형에 맞지 않다는 이유를 들어 강력하게 반대하여 결국 수레 도입은 실패했던 것이다. 세종이 수레를 도입하려 했을 때도 이런 반대에 부딪혔으나 결국 세종의 고집으로 추진되었고 수레 보급은 성공적이었다. 이에 세종은 동북계와 서북계에도 수레를 보급하자고 제안하였는데, 이를 위한 대신들의 토의 자리에서 황희는 "짐을 나르는 데는 수레가 **편리한 것은 사실**(인정)입니다. **그런데** 평탄한 길에는 적합하지만 험한 지형이나 진펄에는 적당하지 못합니다. 평안도를 놓고 보더라도 서울에서 안주까지는 길이 평탄해서 그래도 사용할 수 있겠지만 창성, 벽동, 강계, 자성, 여연 등과 같은 고을에서는 사용하기 어렵습니다. 그곳은 모두 바위 천지에다 험해서 전혀 실용성이 없습니다. 강원도도 사정은 마찬가지입니다. 그리고 수레란 것은 누구나 만들어 사용할 수 없는 만큼 나라에서 장공인을 보내 만들어 줘야만 하는데, 주자마자 부러뜨리고 몇 달이 안 되어 못 쓰게 되고 말 것입니다. 그렇다고 **나라에서 계속 장공인을 보내 줄 순 없지 않겠습니까?"**(반론과 의견 개진)라고 주장하였다. 세종은 이 의견을 받아들여 수레를 험한 지역까지 확대하는 것은 실시하지 않았다(박영규, 2011: 240).

앞의 대화에서 황희는 세종의 생각을 우선 긍정해 주었다. '당신의 말이 옳습니다. 그러나……'의 형식을 취하고 있는 것이다. 상대방의 생각에 일단 수긍해 주는 것이다. 그리고 나서 실현 불가능하다는 자신의 생각을 객관적인 근거들을 들어 뒷받침하며 반론을 펴고 있으며 다음으로는 실질적인 지속가능성 면에서 요목조목 따지면서 논리적으로 접근해 가고 있는 대화의 형식을 취하고 있다. 이것은 박현모가 언급한 '그래, 네 말이 옳다. 그러나……'의 세종의 화법과도 유사하다. 감정에 휘둘려 언성을 높이는 것이 아니라 우선 상대방의 생각을 존중하고 인정해 준 후, 차분하고 일관된 어조로 객관적이고 증거중심의 논리적인 소통을 할 때 상대방이 내 뜻에 따라올 확률은 높은 것이다.

황희는 다양한 의견이 개진된 상황에서는 어느 편도 들지 않고 말하는 쪽의 입장을 잘 듣고, 논의된 내용을 정리하는 논리를 폈는데, 다음 일화를 살펴보자.

세종 재위 14년(1432년) 11월에 조선에 윤봉이라는 환관이 명나라 사신으로 왔을 때의 일이다. 윤봉은 황제의 권력을 배경 삼아 온갖 추태를 부리며 무리한 요구를 일삼았는데, 이 해에도 민가의 개를 강제로 빼앗는 등 가는 곳마다 민폐를 끼쳤다. 그러나 그들을 안내하는 일을 맡았던 접반사 이징옥이 그 개를 빼내 다시 민가로 보내고, 해동청(海東靑)이라고 불리는 송골매를 감추고 일반 매를 보여 주어 그냥 날려 보내게 하는 등 고분고분하지 않은 태도를 보였다. 이징옥의 이런 태도에 화가 난 윤봉은 그를 옆에서 수행하던 조선의 통역관과 아전을 죽도록 매질하여 화풀이를 하고는 본국으로 돌아갔다. 잘못했다간 조선과 중국 간의 외교 갈등으로까지 번질 수 있는 이 상황을 이징옥으로부터 직접 보고받은 세종은 여러 신하들을 불러 어떻게 하면 좋을지 물어보았다. 특히 송골매는 중국 황제가 매우 좋아하는 새인데, 그것을 속여 날려 보냈으니 이것이 중국에 알려지게 되면 매우 곤란한 일이 발생할 수 있는 상황이었던 것이다. 이에 대해 신하들이 옥신각신하였다.

맹사성: 만약 매를 속여 날려 보낸 것으로 처벌하면 중국에서 또 시비를 걸어올 것이니, 차라리 개를 놓아 보낸 것으로 가벼운 벌을 줍시다.

안순: 있는 그대로 매를 조정의 명령 없이 날려 보낸 것을 처벌해야 뒤탈이 안 생길 것입니다.

맹사성: 나라를 다스리는 데는 임시방편, 즉 권도를 사용하지 않을 수 없습니다.

황희: (경청하다가) 이 문제는 아예 없었던 것으로 **논하지 말든가**, 아니면 **처벌을 할 바엔 윤봉이 알고 있는 그대로 처벌**(해결책 제안)을 해야

할 것입니다. 즉, 윤봉 앞에서 매를 날려 보냈는데, 아무리 일반 매라 할지라도 귀중한 것인데 그것을 조정에 알리지도 않고 날려 보낸 것 자체를 가지고 처벌해야 합니다.

세종: 황희 말대로 하라(박현모, 2012: 233-234).

앞의 대화를 살펴보면, 황희는 자신의 입장 또는 어느 한 나라의 입장에서만 문제를 바라본 것이 아니라, 두 나라의 상황에 대한 객관적인 이해와 더불어 다른 사람들의 의견들도 왜곡 없이 듣고 정리한 후 가장 합리적인 해결책을 제시하고 있다. 이에 세종은 "황희 말대로 하라."며 황희의 의견에 수긍해 주게 되는데, 이는 황희가 모두의 입장을 잘 경청하여 그것을 정리한 후 상황에 가장 합당하고 논리적인 해결책을 제안했기 때문이다. 황희는 이처럼 자신의 논리 소통법을 상황, 맥락, 대상에 따라 적절하게 구사함으로써 자신의 의견을 설득하고 자신의 의도대로 따라오도록 만들었던 것이다. 앞에서 논의된 바를 모두 종합하면 앞서 제시한 황희의 논리의 소통 형식을 다시 추가하여 수정할 필요가 있는데, 새롭게 수정한 논리의 소통 형식은 [그림 1-2]와 같다.

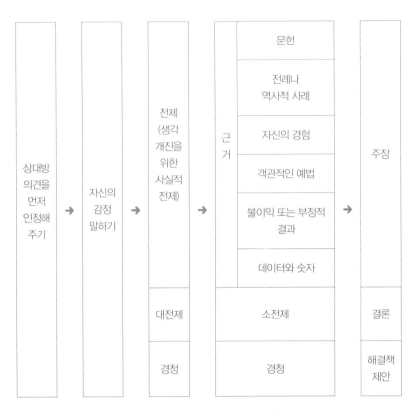

[그림 1-2] 황희의 논리 소통 형식 2

황희의 논리소통은 설득화법과도 유사하다고 볼 수 있다. 설득이란, 무
엇인가를 호소하는 수단을 통해 상대방이 나의 의도대로 행동하게 하는 것
을 말하는 것으로, 설득의 목적은 단연 나의 의도대로 '하게 한다'는 것이
다. 이 말은 상대방이 나의 생각을 인지적으로 이해하는 수준에서만 그치
는 것이 아니라 일차적으로는 나의 생각을 이해하여 받아들이게 한 후, 이
차적으로는 동의한 그 생각을 행동으로 옮기도록 하는 것까지를 포함하고
있다. 이런 의미에서 보자면, 황희는 자신의 생각을 상대방이 받아들이고

그렇게 행동해 주기까지를 원하고 있으므로 설득화법이라고 해도 무방하다. 아리스토텔레스는 설득에 관여하는 요소를 크게 에토스(ethos), 파토스(pathos), 로고스(logos) 세 가지로 보았다. 이 세 가지 요소가 설득의 과정에서 복합적으로 적절히 작용할 때 설득의 효과는 증가된다. 에토스는 설득하는 사람의 인격과 직결되는 정신을 말하는 것으로 설득하는 사람이 훌륭한 인격의 소유자일수록 상대방은 그의 말에 큰 거부감 없이 승복할 수 있다는 의미이고, 파토스는 정서적 호소를 나타내는 감성적 요소를 뜻하는 것으로 우리의 욕구는 근본적으로 감성에 기반을 두고 있으므로 설득할 때는 감정에도 호소할 수 있어야 한다는 의미이다. 마지막 로고스는 논리적으로 뒷받침되는 이성적인 요소를 말한다. 설득할 때에는 앞서 설득하는 사람의 인격과 상대방의 감성에 중심을 두면서도 내가 주장하려는 바가 우선 뚜렷하고 명확해야 하며, 그 주장은 확실하고 사실적인 내용을 근거로 논리적인 추론에 의해 이루어져야 한다는 것이다.

이러한 설득의 세 가지 요소에 비추어 보았을 때, 황희의 논리적 소통은 로고스와 유사하지만, 상대방의 의견을 먼저 존중해 주고 자신의 감정을 표현하면서 말하고 있다는 점에서 파토스적인 면도 함께 작용하고 있는 것이다. 황희는 이러한 논리소통을 임금이나 동료들과 정치적인 사안이나 행정적인 업무에 대한 협의를 할 때 주로 활용하여 업무추진의 효율성과 성과를 높였다.

2. 웃음 소통

웃음은 표정의 변화나 소리로 인간의 마음을 드러내는 하나의 방식이다. 라블레는 웃음은 인간의 고유한 특성이라 하였고, 융은 유머란 오직 인간만이 가질 수 있는 신성한 능력이라 말하였다. 웃음과 유머가 인간을 대표할 수 있는 하나의 특징이라는 말이다. 최근 뇌과학 분야에서는 사람의 뇌 속에 거울 뉴런이라는 신경세포가 있어서 상대의 동작을 보는 것만으로도 상대가 그 동작을 하면서 느끼는 감정을 느낄 수 있다는 사실을 보고한 바 있다. 공감의 생리적 근거를 제시하는 이 같은 사실은 웃음의 소통 가능성을 강하게 뒷받침한다. 웃음을 통해 상대방을 웃게 만들고 경계심과 긴장을 풀어 주어 친근감을 가지게 함으로써 원만한 소통을 가능하게 한다는 것이다. 웃음으로 시작되는 이러한 소통은 상대방에게 따스하고 편안한 느낌을 전달함으로써 대화 분위기를 부드럽고 수용적인 것으로 만들 수 있다. 황희는 웃음과 유머에 남다른 감각을 보여 주고 있다. 황희가 남긴 해학과 풍자가 담긴 일화들을 바탕으로 그의 웃음 소통 방식을 살펴보자.

1) 황희 정승 부인의 외출

신록이 우거진 어느 여름철 삼정승 육판서의 부인들이 친선과 피서를 하기 위하여 산수의 경치가 아름다운 곳으로 하루의 놀이를 가게 되어 황희 정승의 부인도 안 가면 안 될 부득이한 사정이 되었다. 입고 갈 옷과, 신발, 도시락이 걱정이 되었으나 황희와의 대화 끝에 부인은 무명 치마에 짚신을 신고, 삼베보자기에 풋고추 몇 개와 된장 그리고 새까만 꽁보리밥을 점심 도시락으로 싸서 나가게 되었다. 모인 자리에서 모두 그 모습을 보고 분위기가 숙연해졌다. 그러던 중에, 다른 정승의 부인이 황희의 부인에게 물었다.

"영의정 댁에는 아무래도 값진 보물이 많이 있을 것인데 그 보물이 무엇인가요?"

"저희 집에 보물이라곤 하나도 없습니다."

"그럴 리가 있겠습니까? 그래도 무엇이건 값진 보물이 있겠지요?"

"무슨 보물이 있겠습니까? 사실 보물은 하나도 없으나 혹시 보물 축에 낄지는 모르나 내가 아들 셋이 있으니 그것이나 보물 축에 낄까요?"

놀다 돌아와서 황희 정승이 부인에게 묻기를,

"오늘 누가 가장 웃기고 재미있게 놀았소?"(웃음철학)

"제가 가장 재미있고 많이 웃겼지요."

"어찌하였기에 그렇소?"

'내가 하고 간 옷을 보고 모두 웃었고, 점심밥을 보고 또 웃었고, 보

물 축에 낄 것은 자식 셋 밖에 없다 하여 세 번이나 좌중을 웃겼으니 재미 있었지요(해학)."

하니 황희 정승 내외가 또 한 번 웃으며 **네 번의 웃음꽃을 피웠다**(웃음의 공감대 형성)(장수황씨대전연지회, 1994: 227-229).

앞의 대화에서는 황희가 아닌 황희의 부인이 웃음을 유발하는 말을 하고 있지만, '오늘 누가 가장 웃기고 재미있게 놀았냐'는 황희의 질문에서 황희의 웃음에 대한 철학도 살짝 엿보인다. 황희는 놀이를 가기 위한 아내의 준비에 묵묵히 자신이 해 줄 수 있는 최선의 방법으로 외출 준비를 도왔다. 어머니의 일곱 색 무명치마와 짚신 그리고 평소 먹던 보리밥과 풋고추 서너 개에 된장을 가지고 가도록 권하였다. 아마도 다른 정승들의 부인들과 비교해서 초라할 것이라는 것도 알았을 것이다. 그리하여 집에 오자마자, 누가 가장 웃기고 재미있게 놀았는지를 물어보고 있는데 이 말은 '놀이를 나가서는 당연히 모두 즐겁게 웃는 시간을 보내고 오는 것이 좋다.'는 황희의 웃음철학의 반영과 다름 아니다. 이에 아내는 솔직담백하게 오늘의 일을 웃음의 대화로 표현하여 주는데, 이는 현재 자신이 처한 가난한 상황을 부끄러워하거나 탓하지 않고 그것을 있는 그대로 인정하고 받아들이는 여유로운 마음에서만 나올 수 있는 유머다. 첫째는 내가 하고 간 옷을 보고 모두 웃었고, 둘째는 점심밥을 보고 또 웃었고, 셋째는 보물 축에 낄 것은 자식 셋 밖에 없다 하여 세 번이나 좌중을 웃겼으니 재미있었다는 표현에서 다른 사람들은 자신을 비웃었을지 모르나, 정작 대화를 하고 있는 두 사람에게서는 현실에 대한 슬픔이나 처량함보다는 그것을 승화한 여유로운 자의 선의의 웃음이 느껴지는 것이다. 이를 긍정적으로 생각한 황희 역시 아내의 웃음을 받아들이고 함께 웃는 공감대를 형성해 주며 여유 있게 웃는 모습을 보여 준다. 유머를 즐길 수 있는 전제 조건은 무엇보다 마음의 여유 인데 두 사람은 모두 이 조건을 만족시키고 있다. 게다가 두 사람의 유머에 서 우리는 한국적인 해학의 묘미까지 찾을 수 있다. 해학적인 웃음이란 인 간에 대한 동정과 이해심 그리고 상대를 향한 긍정적인 시선을 전제로 했 을 때만 나오는 선의의 웃음을 뜻하는 한국의 유머이기 때문이다. 해학의 묘미가 드러나는 황희와 그 부인의 또 다른 대화를 살펴보자.

2) 딸의 혼숫감

황희의 딸을 시집보내야 하는데, 집이 가난하여 혼수를 못하니 황희의 아내가 고민이 되었다. 아내가 황희에게 고민을 말하자, 황희는 딸을 한 번 쳐다볼 뿐 아무 말도 하지 않고 책만 계속 읽었다. 며칠이 지났다. 장정 여 러 명이 보퉁이를 메고 와서 황희의 집 앞에 내려놓는 것이 아닌가. 깜짝 놀 라 물어 보니, 임금이 황희 앞으로 보낸 딸의 혼숫감이었다.

그날 저녁, 대궐에서 돌아온 황희에게 부인은 **웃으며** "막내딸 혼숫감 마 련도 못하는 아버지가 어디 있어요? 더구나 정승 자리에 있으시면서(편잔 → 숨은 뜻 : 미안함, 고마움)."라고 **말했다**(웃음).

황희는 **태연하게** "정승 자리는 바쁜 자리요. 많은 백성들을 보살펴야 하 니까. 너무 바쁘다 보니, 허허허!(평계 → 숨은 뜻 : 미안함)"라고 **말하였다**(태연함) (장수황씨대전연지회, 1994: 142-143).

부인은 황희에게 핀잔 아닌 핀잔을 주고 있다. 상감마마께서 보내신 혼숫감이긴 하지만 황희가 백성과 나라를 위해 일한 노고에 대한 보답이므로 사실 황희가 준비한 것이라고 보아도 무방하다. 부인은 처음에 황희가 딸을 한 번 힐끔 보고, 책을 다시 읽는 무심한 태도에 실망스럽고 걱정스러운 마음이었을 것이다. 그러나 황희가 아버지로서 문제를 해결해 주자 이내 고맙고 자신이 남편을 향해 가졌던 원망이나 실망에 대한 미안함으로 부끄러워져 실제 고마운 마음을 직접 표현하지 못하고 애교 섞인 말투로 웃으며 오히려 황희에게 핀잔을 주고 있다. 황희는 어떠한가? 황희 역시 아내 앞에서 이제 체면도 서고, 아내의 애교 섞인 핀잔의 말투 속에 담긴 진짜 의미를 파악하고, 아내가 민망할까 짐짓 아무렇지 않은 척 태연하게 답하고 있다. 또 아내가 자신의 진짜 마음을 숨기고 말한 것처럼 황희도 아버지로서 아내가 걱정하기 전에 알아서 챙겨 주지 못해 미안한 마음을 감추고, 정승자리를 핑계 대며 대답하고 있는 것이다.

이들의 대화를 속마음이 표현된 대화로 바꿔 보자면,

"당신이 막내딸 혼숫감 마련도 못할까봐 **걱정했는데,** 당신이 정승자리에서 열심히 하시는 덕분에 상감마마께서 혼수를 보내 주셨으니 **당신이 혼수를 준비하신 것**과 같네요. 괜히 당신을 원망해서 **미안하고 감사해요.**"

"뭘 그러오. 내가 당신이 말하기 전에 미리 아비로서 딸 혼숫감을 준비하는 데 **신경을 썼어야 했는데,** 정승자리에 있어 백성들을 돌보다 보니 바빠서 그러지를 못했구려. **미안하오.**"

이렇게 표현할 수 있을 것이다. 그렇다면 이들의 대화는 논리적으로 봤을 때 분명 이중적 메시지(mixed message)에 해당한다. 대화로 하는 언어적 표현과 몸짓이나 억양, 표정, 말투와 같은 신체로 표현하는 비언어적 표현이 불일치하기 때문이다.

<표 1-1> 황희와 아내의 해학적 이중 메시지

	언어적 표현	비언어적 표현	숨은 뜻
아내	핀잔	웃는 표정	미안함, 고마움
황희	핑계	태연한 표정	미안함

웃으면서 핀잔을 주고, 태연해하며 핑계를 대며 말하는 것은 비언어와 언어가 불일치된 것이다. 그런데도 황희와 아내는 각각 상대방의 속마음을 제대로 파악하고 웃음과 긍정으로 대화를 하였다. 이것은 아마도 이 두 사람이 이심전심(以心傳心)의 경지에 이르렀기 때문이 아닐까.

비언어적 의사소통이 언어적 의사소통과 마찬가지로 사회와 문화의 산물이고, 특히나 우리 한국사회가 비언어적 행동인 눈치를 통해 이심전심으로 상대방의 마음을 헤아리고 자기 마음을 전달하는 문화권에 속한다는 것을 고려할 때 오랫동안 부부로 살면서 서로에 대한 배려와 이해가 충분히 생긴 상태라면 이중적 메시지로 전달하는 해학의 유머로 소통하는 것도 충분히 가능하다고 추측할 수 있다. 서로 배려하고 대화가 잘 통하는 부부를 두고 이심전심이라는 말을 하는 것도 괜한 소리는 아니다. 둘의 대화에서 부인은 속뜻을 감추고, 상대방에게 핀잔(고마움)을 주었고 황희는 핑계(미안함)를 대었다. 웃음과 태연함을 덤덤하게 표현하면서 속마음은 서로에게 미안함, 고마움이라는 것을 느끼고 있다고 볼 수 있으므로, 여기에서도 인간에 대한 동정과 이해, 긍정적 시선을 전제로 한 선의의 해학적 웃음이 드러나고 있다.

황희는 상황에 따라서는 재치(才致)를 통한 유머도 보여 주었다. 재치는 다른 말로 기지(機智)라고 한다. 기지는 영어로 'wit', 프랑스어로 'esprit', 독일어로 'Witz'라 한다. 기지는 다른 말로 '말의 재치'인 것이다. 서로 이질적으로 여겨지는 관념을 연결시켜 그 모순과 해결방법을 순간적으로 바꿔서 웃기는 효과를 나타내는 것이다. 재치(才致)는 한 단어가 문장 속에서 원래 표현하고자 하는 뜻과는 상관없이 전혀 다른 뜻으로 나타나게 하는 중의법(重義法)과 표현하고자 하는 의미를 여러 가지로 바꾸어 표현하는 겸용법(兼用法) 등으로 나타난다. 다음 대화를 통해 황희가 맹사성과의 대화에서 얼마나 재치 있는 유머를 구사하는지 엿보도록 하자.

3) 호랑이를 타고 왔소

함경도 변경으로 돌아간 황희 정승은 절제 김종서 장군과 함께 그곳을 면밀하고 구체적인 북방 육진계획을 수립해서 돌아왔다.

"그래, 언제 돌아 오셨습니까?"

"지금 막 당도해서 곧 바로 들어오는 길이요. 그동안 한양에서도 별일이 없었겠지요? 고불 맹대감!"

"아무 일도 없었습니다. 그보다 다시는 못 빠져 나올 줄 알았더니 **용케 살아 나오셨습니다**(해학)."

"허허허…… **나도 그러려니 생각했는데**(공감) 다 수가 있습니다."

"수가 있어요?"

"경원이라는 데가 한 번 눈이 쌓이면 길이 막혀서 못 빠져 나오는 곳이 아니겠습니까?"

"그런데요, **설마 하늘을 날아오셨다는 얘기는 아니시겠지요?**(해학)"

"아니지요, 아무리 황희지마는 그런 재주야 있나."

"그럼 어떻게 빠져 나오셨소?"

"알다시피 함경도는 호랑이 소굴이 아닙니까? 그래서 호랑이 한 마리한테 부탁을 했더니마는 이렇게 **한양까지 금방 날라다 주지 뭐겠소**(재치 1)."

"참으로 신기하군. 아니 **호랑이한테 뭐라고 부탁을 했길래**……(공감)."

"다른 말은 안했지요. 다만 이렇게 말했지. '한양으로 올라가면 **고불 맹대감이라는 좋은 먹이가 있으니 올라가자고**(재치 2) 말이요."

"허허허……그러니까 **날 잡아 먹으려고 호랑이가 올라 왔구먼!**(공감)"

"**그렇지! 올라오는 김에 날 태워다 준거지. 허허허……(공감).**"(장수황씨대전연지회, 1994: 200-201)

황희와 맹사성의 대화를 보면 웃음이 넘치는 분위기 속에서 상대방의 말에 서로 공감해 주면서 맞장구 쳐 주기도 하고, 말하는 그대로를 수용해 주면서 상대방이 전개하는 유머의 논리에 맞춰 따라가 주고 있다. 경원을 무사히 다녀온 황희를 본 맹사성은 반가운 나머지 속마음을 감추고 그것을 해학적으로 표현하고 있으며, 이에 황희는 맹사성의 유머에 공감한 후 똑같은 소통방식으로 조율하여 해학의 방식으로 응수해 준 것이다. 우리가 상대방과 원만한 관계를 맺기 위해서는 상대방의 의도를 있는 그대로 지각(知覺)할 수 있어야 한다. 황희는 맹사성의 마음을 파악하였고 상대방이 사용하는 소통의 방식을 따라 그의 심리상태에 어울리는 유머를 구사하였다. 황희는 맹사성의 해학적 유머에 '허허허' 웃는데, 이렇게 한 번 웃고 나면 우리 뇌의 긴장상태는 풀어지고 편안한 마음을 갖게 되면서 상대방과의 대화에 더 쉽게 공감할 뿐 아니라, 감성을 자극하기 쉬운 분위기를 형성할 수 있게 된다. 황희와 맹사성 사이에는 이미 웃음의 공감대가 형성된 것이다.

이후에 황희는 어떻게 무사히 올 수 있었는가 하는 질문에 대한 답을 원래 표현하고자 하는 뜻과는 관계없이 전혀 다른 뜻으로 나타내는 중의법(重義法)을 사용하여 재치 있는 웃음을 자아내고 있다. 황희는 무섭고 사나운 '식육목(食肉目) 고양이과의 포유류'인 호랑이의 개념을 '움직인다'는 속성에 착안하여 타고 다니는 운송수단이라는 전혀 다른 개념의 뜻으로 바꿔 호랑이를 타고 왔다고 말하고 있다. 맹사성은 신기하다는 반응을 보이며 황희의 재치에 공감하면서 어떻게 타고 왔는지 다시 물어보고 있다. 황희는 호랑이에게 '서울에 고불 맹사성이라는 맛있는 먹이가 있으니 올라가자'고 하였다며 호랑이를 의인화시켜 그 이유를 말하고 있다. 그러자 맹사성은 웃으며 황희의 재치에 다시 공감해 주고 이어 황희는 맹사성의 공감에 재차 공감해 주고 있다. 이들의 유머는 맹사성의 해학→황희의 공감→맹사성의 해학→황희의 재치 1→맹사성의 공감→황희의 재치 2→맹사성의 공감→황희의 공감의 순서로 전개되고 있는 것이다. 프로이트는 "유머의 성공은 메시지보다는 전달 방법에 달려 있다."고 하였는데, 이들의 대화에서 바로 단순하고 일상적인 주제가 웃음 소통이라는 조율된 소통 방식으로 어떻게 주거니 받거니 하며 재미있게 잘 전개되는지를 쉽게 확인해 볼 수 있다. 서로 주거니 받거니 하는 관계이므로 황희의 유머소통은 쌍방향 웃음 소통이라고 말 할 수도 있다.

황희는 사용하는 용도를 여러 가지로 바꾸어 표현하는 겸용법(兼用法)을 통한 재치를 보여 주기도 하였다. 황희가 일흔일곱 살이 되자 영의정 일을 그만 두고 싶었다. 연로한 몸이 힘들기도 하였지만 젊은 신하들에게 자리를 양보하고 싶었기 때문이다. 그러나 세종은 황희를 대신할 훌륭한 신하는 없다고 생각했기 때문에 황희의 뜻을 윤허하지 않고 대신 황희에게 지팡이 하나를 선물해 준다. 다른 선물은 하사해 봤자 청렴한 황희가 받지 않을 것이라 생각하였기 때문이다. 다음 〈표 1-2〉의 대화를 보겠다.

〈표 1-2〉 세종과 황희의 대화

	세종의 마음	대화
도입	서운함 궁금함 ↓ 궁금함 호기심	세종: 황 정승! 다리가 아파서 걷기에 불편할 테니 이 지팡이를 짚고 다니시오. 황희는 고마운 마음으로 받았으나 대궐 안에서 쓰지 않자, 세종이 물었다. 세종: 황 정승! 내가 대궐 안에서 지팡이를 짚고 다녀도 좋다고 했는데, **왜 쓰지 않는 것이오?(질문 1)** 황희: 허락은 받았으나, 예법에 어긋나는 일이옵니다. 아무도 대궐 안에서 지팡이를 짚은 적이 없는데, 저만 쓸 수는 없는 일이옵니다. 세종: 그러면 지팡이는 **집에다 두고 다니는 거요?(질문 2)**
전개	↓ 궁금함 호기심 ↓	황희는 옷 속에 감추어 둔 **지팡이를 꺼냈다(호기심 유발1).** 황희: 상감마마, 염려하지 마시옵소서. **저는 이 지팡이를 아주 좋은 일에 쓰고 있사옵니다(호기심 유발 2).** 세종: 오호, 좋은 일이라니. **그게 무엇인가요?(질문 3)** 세종 임금이 궁금해하자 황희는 빙그레 웃으며 말하였다. 황희: 제기 일을 마치고 집으로 돌아갈 무렵이면 손자 녀석이 마을 입구까지 마중을 나옵니다. 세종: **그래서요?(재촉 질문)** 황희: 손자 녀석은 저를 보자마자 손부터 쓱 내밉니다. 세종: 오라. **먹을 것을 달라는 뜻이겠지요?(확인 질문)**

결말	↓ 기쁨 즐거움	황희: 아닙니다. 지팡이를 내밀어 달라는 뜻입니다. **그 녀석은 지팡이 끝을 쥐고서 저보고 눈을 감으라고 합니다(단서).** 세종 임금은 그제야 황희의 말뜻을 알아차렸다. **세종: 아하! 손자가 장님놀이를 하자는 것이군요(통찰).** 황희: 그렇습니다. 저는 손자가 지팡이를 잡고 이끄는 대로 졸졸 따라가기만 하면 됩니다. 저는 그 놀이를 할 때가 가장 행복합니다. 세종: 지팡이가 그런 일에 쓰일 줄은 몰랐네요. 황 정승은 참으로 재미있게 사시는구려. 황희: 선물로 주신 지팡이 덕분에 장님놀이를 할 수 있어서 정말 좋습니다. 세종은 기분이 좋은지 모처럼 **큰 소리로 웃었다(즐거움).** (김재원, 2012: 65-70)

세종과 황희의 대화에서 황희는 지팡이의 용도를 전혀 다른 것으로 바꾸어 사용함으로써 세종에게 즐거움을 준다. 대화의 주제는 '세종이 선물한 지팡이의 사용'이다. 세종은 지팡이를 일상적인 용도의 개념으로 생각하며 '자신이 사 준 지팡이를 왜 하고 다니지 않는가'라는 질문으로 대화를 시작하고 있다. 그러나 황희는 예법과 국법에 의해 지팡이를 궁궐 내에서 사용하지 않고 있다고 말하였기 때문에 자칫 황희의 불편함을 덜어 주려던 세종의 마음은 서운할 수도 있었던 상황이다. 세종은 다시 2차 질문을 하였고, 황희는 대답 대신 옷 속에 감춰 둔 지팡이를 꺼내 보이며, 간접적으로 '아니다'라는 메시지를 전달하며 호기심을 유발하고 있다.

이 때부터 황희는 세종의 호기심을 유발하는 말을 다시 하여 세종의 궁금증이 더 해 가도록 만든다. 세종은 지팡이가 어떤 좋은 일에 사용하는지 더 궁금해져 다시 3차 질문을 하고 있다. 그러나 황희는 빙그레 웃기만 할 뿐 바로 대답해 주지 않고 계속해서 호기심을 지속시키며 설명만 차근차근 해 나간다. 그러자 세종은 '그래서요?'라며 빨리 말을 해달라는 무언의 압력을 보내듯 재촉 질문을 하고 있다. 그래도 황희는 여전히 답을 말해 주지 않고, 계속 시간을 끌면서 손자의 행동을 말해 주며 세종으로 하여금 정답을 찾게 만들 뿐이다. 세종은 기다리다 못해 자기 나름대로 추측하여 답을 내리고 확인 질문을 한다. 그러나 세종이 여전히 지팡이의 용도를 가늠하지 못하자 황희는 그제서야 단서 하나를 준다. 감히 한 나라의 왕 세종을 애가 타게 만들고, '무엇일까, 무엇일까.' 하는 호기심을 시종일관 증가시킨 채로 황희는 그야말로 목마른 자에게 물 한 모금을 주듯이 단서 하나를 주는 것이다. 세종 역시 호기심과 궁금함이라는 지적 사고의 재미에 빠져 계속해서 질문을 쏟아 붓는다.

인간에게 호기심과 궁금함을 갖게 만드는 것은 어떤 대상에 대해 스스로 탐구하고자 하는 자율성과 동기를 충분히 유발시킨다는 것을 황희는 알고 있던 것이 아닐까? 예컨대, 교사가 수업시간에 아이들의 자율적인 학습 활동을 위해 동기를 먼저 충분히 갖게 만드는 것과 같다.

결국 세종은 그 단서에서 '아하!'하고 통찰하며 지팡이의 용도를 맞히게 된다. 세종이 네 번의 질문을 했다는 것을 통해서 세종의 궁금증과 호기심은 대화를 하는 내내 증가하였을 것이라 추측할 수 있고, 아마도 마지막 결말 부분에서 정답을 맞혀 고조되었던 호기심과 궁금증이 한 번에 해소되면서 그만큼의 기쁨과 희열을 맛보았을 것이라 짐작할 수 있다. 그리고는 이제 자신이 평소 생각하는 지팡이의 개념과 황희가 생각하는 지팡이의 개념이 불일치하다는 것을 깨닫고 큰 소리로 웃는다. 황희의 재치를 통한 유머는 클라이맥스적이기도 하다. 자신의 생각을 서서히 전개하면서 상대방의 호기심과 궁금증을 점차 증가시키다가 마지막에 상대방으로 하여금 긴장을 한 번에 해소하도록 만들어 '빵'하고 터지는 강력한 웃음을 짓게 만들었기 때문이다.

웃음은 상대의 마음을 따뜻하게 해 줄 뿐 아니라, 난관에 봉착한 어려운 소통상황에서도 편안한 분위기를 만들어 대화를 부드럽고 순조롭게 진행시키기도 한다. 자칫 세종의 서운함으로 끝나 버릴 수 있었던 지팡이 사용 사건이 황희의 재치 있는 유머로 즐겁고 재미있는 대화로 마무리되었음을 확인할 수 있는 일화다. 겸용법(兼用法)이 나타난 황희의 또 다른 재치를 살펴보자.

4) 멍석을 왜 깔아 놓았습니까

어느 날, 세종이 백성들의 사는 형편을 살피러 평복을 입고 궁궐을 나섰다. 세종은 황희가 어떻게 사는지 눈으로 직접 보고 싶었다. 황희의 집은 초라할 뿐만 아니라 담장조차 없었고, 방 안에는 멍석이 깔려 있고 책만 가득할 뿐 그 흔하디흔한 장롱 하나 없었다. 의아한 생각이 든 세종은 황희에게 "바닥에 멍석을 왜 깔아 놓았습니까?"라고 물었다. 황희는 빙그레 웃으며 "등이 가려울 때 멍석에 대고 비비면 여간 시원하질 않습니다."라고 대답했다. 이번엔 천장에 구멍이 뚫려 있는 것을 본 세종이 재차 물었다. "그러면 천장 구멍을 왜 뚫어 놓고 사십니까?" "저번에 비가 올 때 빗물이 새었는데, 낙숫물을 받으며 가난한 백성들의 생활을 생각해 보았습니다."(역사인물편찬위원회, 2010: 157)

이 대화에서도 역시 멍석과 천장구멍에 대한 상식적인 개념의 접근을 시도한 세종에게 황희는 멍석의 거칠거칠한 특징을 이용하여 전혀 다른 용도의 개념을 제시하며 상황을 재미있게 만들고 있으며, 천장 구멍 역시 백성을 생각하기 위한 용도의 개념으로 재치 있게 바꿔 말함으로써 심각하고 민망할 수 있는 상황을 해학적으로 마무리 짓고 있다. 지금까지 살펴본 황희의 웃음 소통방식을 표로 정리해 보면 [그림 1-3]과 같다.

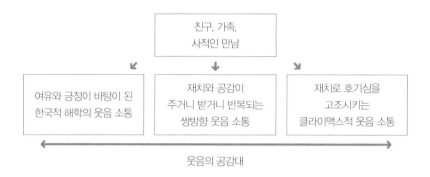

[그림 1-3] 황희의 웃음 소통 방식

소통의 부재(不在)인 시대에 유머야말로 어쩌면 상대에 대한 우리의 마음의 장벽을 허물고 서로가 열린 마음으로 소통할 수 있게 만드는 유일한 방법일지 모른다. 유머는 서로 간의 긴장된 방어벽을 허물고, 관계지수를 높여 서로에게 한 발짝 다가갈 수 있게 만들기 때문이다. 황희의 유머는 이중적 메시지 속에 숨겨진 한국적 해학의 웃음 소통이자 중의법과 겸용법을 활용한 재치의 방법을 통해 자연스럽게 서로 주거니 받거니 하며 웃음의 공감 속에 관계를 원만하게 이끌어 가는 쌍방향 웃음 소통이자 재치로 호기심을 고조시키는 클라이맥스적인 웃음 소통이다. 황희는 이러한 웃음소통을 친구나 가족 그리고 사적인 만남의 관계형성 과정에서 사용함으로써 그들과의 관계를 더욱 돈독하게 함은 물론 동시에 삶에서의 소소한 즐거움과 행복도 놓치지 않았다.

3. 비유와 역설의 소통

수사학(rhetoric)이라는 말의 어원은 '웅변'이라는 뜻의 그리스어로, 원래 수사학은 웅변을 잘하기 위한 기술, 다시 말해 남을 잘 설득하는 기술을 가리키는 말이었다(김욱동, 2002). 우리 속담에 '아' 다르고 '어' 다르다는 말이 있는데, 이는 같은 의미를 전하는 말이라도 어떻게 표현하느냐에 따라 상대방에게 전혀 다른 의미로 전달될 수 있음을 뜻하는 것으로 표현 방법의 중요성을 역설하는 것이다. 수사학은 바로 이 '어떻게 표현할 것이냐'의 문제를 탐구하는 학문이다. 그리고 어떻게 표현해서 상대방에게 내가 전달하고자 하는 바를 왜곡 없이 더욱더 잘 전달하게 할 것이냐를 주 관심사로 다룬다. 이러한 수사법은 크게 비유법과 강조법으로 나눌 수 있는데, 비유법은 일상적으로 관련짓기 어려운 두 사물을 비교 또는 동일시하여 특수한 의미를 만들거나 그 효과를 만드는 수사법으로 직유법(直喩法), 은유법(隱喩法), 대유법(代喩法), 의인법(擬人法), 활유법(活喩法), 풍유법(諷喩法) 등이 속한다. 강조법은 말하고자 하는 내용을 실감나게 표현하거나 단조로운 느낌을 벗어나 변화를 주고자 하는 수사법으로 과장법(誇張法), 대조법(對照法), 반복법(反復法), 비교법(比較法), 문답법(問答法), 반어법(反語法), 역설법(逆說法) 등이 있다. 그런데 수사학은 상대방에게 의미를 효과적으로 전달하려는 원래의 기능 외에도 말이나 글을 아름답게 꾸며 준다든지, 함축적으로 표현함으로써 일상적인 세계의 느낌을 전혀 다르게 바라볼 수 있는 통찰을 주기도 한다. 특히 직설적으로 표현하기 어렵거나 직설적인 표현이 가져 올 부작용이 크다고 여겨질 경우에 비유법과 강조법을 활용하는 수사학적 표현은 의사소통을 부드럽고 원활하게 이끌 수 있는 장점이 있다. 수사학의 효과를 충분히 인지한 황희는 여러 가지 비유법과 강조법을 소통에 활용하였다. 다양한 소통 장면에서 황희 역시 어떤 수사학적 기법을 활용하였는지 찾아보고 그 의미를 해석해 보자.

1) 비유법

황희의 소년시절, 황희가 새벽공부를 마치고 산으로 올라갔다. 황희의 집에 있는 늙은 종의 아들 판쇠도 함께 올라왔다.

"도련님, 그만 내려가시지요."

"잠깐만……."

황희는 여전히 햇살을 갈며 날아다니는 산새들을 바라보고 있었다.

"도련님! 새들은 종과 양반이 따로 없지요?"

"종과 양반?"

"보세요, 높임 받는 산새가 따로 없지요? 똑같은 날개를 달고 한데 어울려 노래도 하고요."

듣고 있는 황희가 고개를 돌렸다. 판쇠는 깜짝 놀라 허리를 굽혔다. 황희는 판쇠의 모습을 천천히 살펴보았다. 허름한 옷과 떨어진 짚신. 판쇠의 차림새는 황희와는 비교할 수 없을 만큼 초라했다. 황희는 갑자기 판쇠가 불쌍하다는 생각이 들었다.

  "새들에게도 배울 것이 있구나!(의인법—동시에—풍유법)**"**

  "도련님이 새들한테 배워요?(질문)**"**

  "그래. 높임 받는 새가 따로 없는 것처럼 사람도 귀하고 천한 구별은 따로 없는 거야(직유법)**."**

그 뒤로 황희는 집에 있는 종들에게 친절하게 대해 주었다(장수황씨대전연 지회, 1994: 50-51).

이 대화에서 황희는 지금까지 미처 생각해 보지 못한 질문에 대해서 고민하고 통찰한다. 판쇠가 '새들은 종과 양반이 따로 없지요?'라는 질문을 하자 황희는 다시 '종과 양반'을 되묻고 있는데, 이는 황희가 그동안 종과 양반의 의미에 대해서 깊게 생각해 본 적이 없었고 그렇기에 의아해 하며 다시 질문을 하고 있는 것으로 볼 수 있다. 판쇠는 황희가 되묻자 자신의 질문을 좀 더 자세하게 설명한다. 이를 듣고 있던 황희가 갑자기 판쇠를 향해 고개를 돌리는데, 이것은 판쇠가 이렇게 말하는 이유가 무엇인지, 어떤 의도로 이러한 질문을 하는 것인지에 대한 고민이 시작되었음을 뜻한다. 그리고는 판쇠의 모습을 찬찬히 살피는데, 여기서 황희는 관찰과 침묵이라는 두 가지 소통방식을 쓰고 있다. 관찰은 상대방의 비언어적 행동의 의미를 민감하게 읽어내는 것을 말한다. 황희는 판쇠의 얼굴표정, 의상, 외모 등을 관찰한 후 판쇠의 모습에서 가엾음이라는 느낌을 받게 되었다. 침묵을 통해서는 판쇠의 언어적 표현에 대한 자신의 입장을 정리하는 시간을 획득했을 거라 여겨지는데, 침묵은 특별히 다른 어떤 것도 하지 않고 상대방의 이야기를 그저 묵묵히 들어 주는 것으로 황희가 판쇠의 '높임 받는 새가 따로 없지요?'라는 물음에 대하여 아무 대답도 하지 않고 판쇠가 말한 의미가 무엇인지 몰입하는 모습을 통해서 알 수 있다. 황희는 자신이 그 순간 깨달은 바를 의인화한 비유법으로 판쇠에게 말해 준다. 의인법(personification)은 생물이나 무생물을 마치 사람인 것처럼 인격화시켜 표현하는 것이다. 그러나 '새들에게도 배울 것이 있다.'라는 말은 의인화이면서도 실제 새들이 가르칠 수는 없기 때문에 표면적인 보조관념 뒤에 숨은 원관념이 황희의 진짜 깨달음이다. 따라서 원관념을 숨기고 보조관념만으로 숨겨진 본래의 의미를 암시하는 풍유법도 동시에 사용된 것이다. 즉, 하찮고 아는 것 없는 새와 초라하고 볼품없는 판쇠라는 공통의 의미내역이 유추관계로 맺어지면서 새는 초라하고 볼품없는 판쇠라는 의미로 전의되어서 '보잘 것 없고 초라한 판쇠에게서도 배울 것이 있구나.'라는 뜻을 암시하게 되는 것이다.

황희는 표면적으로는 의인법과 풍유법의 보조관념을 사용하면서, 자신의 깨달음을 내면화할 때는 풍유법의 원관념의 의미로 내면화한 것이다. 엘리스는 사람의 내면에서 진행되는 언어로 표현 가능한 대화를 '내면화된 자기-대화'라고 말한 바 있으며 이는 속내말 중에서 언어로 표현 가능한 '속말'과 다름 아니다. 이것은 판쇠가 그 이후에 '새가 도련님을 어떻게 가르치냐?'면서 다시 질문을 했다는 것을 통해서 확실히 증명되는데, 이는 판쇠가 풍유법으로 표현된 황희의 원관념은 이해하지 못하고 의인화된 표현만 이해했기 때문이다. 그렇기 때문에 황희는 판쇠에게 풍유법의 원관념의 의미를 다시 직유법으로 쉽게 설명해 준 것이다. 직유법(simile)은 원관념과 보조관념의 표면적인 유사성을 가지고 그 내용을 드러내는 방법인데, 여기서 황희는 새와 사람 둘 간의 유사성을 평등이라고 보고 '높임 받는 새가 없는 것'처럼 → '높임 받는 사람도 없다'라고 표현하여 판쇠가 쉽게 이해할 수 있도록 설명해 주고 있다.

결과적으로 황희의 풍유법은 판쇠로 하여금 주의를 집중시키고 모종의 반응을 이끌어 냈다는 측면에서 질문을 유도한 것이며, 판쇠에게 또 다른 생각의 기회를 제공함으로써 쌍방형 의사소통의 가능성을 열어 주고 있다. 황희와 판쇠가 만났으며, 서로 의사를 주고받았기 때문에 상호 간의 의사소통이 이루어졌다고 할 수 있기 때문이다. 여기에서 판쇠는 중요한 역할을 하였다. 비고츠키는 인지발달이 자기 문화 속의 성인들이나 또는 더 유능한 또래들과의 대화와 상호작용을 통해서 일어난다고 하였고 이것은 언어를 통해 지적으로 성장하기 위한 필수적인 정보와 지지를 제공함으로써 지지의 발판이 되어 주는 것이라고 하였다. 황희는 새를 보고 바로 깨달음을 얻은 것이 아니라 새를 보고 한 판쇠의 질문을 통해서 무심코 보던 새와 사람을 평등이라는 동일한 속성으로 보게 되었으므로 판쇠의 질문은 황희가 새로운 깨달음으로 갈 수 있도록 자극을 준 비계설정(scaffolding)의 역할과 같은 것이다.

우리는 어떤 상황이나 사건에 접하였을 때 특정 도식을 적용하여 평형 상태가 오면 만족스러워 하지만 불균형 상태가 되면 불편해짐을 느낀다. 이 때 우리는 동화와 조절을 통해 해결책을 추구하도록 동기를 유발시킴으로써 사고를 변화시키고 앞으로 나아가게 된다. 판쇠의 질문은 황희에게 인지적 불균형을 유발시킴으로써 깨달음으로 나아가게 해 주었다. 그런데 이때의 깨달음은 '높임 받는 새가 없는 것처럼 높임 받는 사람도 없다'는 것이었으므로 황희는 유추라는 인식의 과정을 사용했을 가능성이 높다. 우리는 새로운 인식의 대상과 만날 때 그 인식의 대상을 자신의 선험적 지식에

가르침의 소통	3단계 구체적 설명	직유법(높임 받는 새가 없는 것처럼 사람도 구별이 없다.)

↑

		안으로의 내면화	겉으로의 표현
배움의 소통	2단계 내면화와 표현	(풍유법의 원관념) ('보잘것없고 초라한 판쇠에게 서도 배울 것이 있는 걸 보니 사람은 구별이 따로 없구나.')	(의인법이면서 동시에 풍유법의 보조관념) "새들에게서도 배울 것이 있구나"

↑

1단계 – 깨달음	관찰과 침묵(비언어적 방법)

↑

비계설정	판쇠의 질문과 판쇠의 측은지심의 모습

[그림 1-4] 황희의 비유법(의인법, 풍유법, 직유법)을 이용한 소통적 의미1

비추어 해석하고 유추하기 때문이다. 결국 황희는 관찰과 침묵을 통해 판쇠에게 측은지심(惻隱之心)이라는 감정이 생겼고, 자기 인지 도식을 평형화(equilibration)를 위해 '조절' 기제로 변화시키고 균형을 맞추는 동시에 새와 사람의 유사한 점을 추리하는 인지적 유추라는 이 두 가지 정신작용에 의해 사람도 차별이 없음을 깨달은 것이다. 따라서 이 대화에서 비유적 표현의 전개과정은 크게 세 단계로, 1단계는 관찰과 침묵을 통하여 깨달음, 2단계는 그 깨달음을 겉으로는 의인법이면서 동시에 풍유법의 보조관념으로 표현하면서 동시에 자기 자신은 풍유법의 원관념으로 내면화함, 마지막 3단계는 직유법을 통해 판쇠에게 그것을 쉽게 설명해 준 것이 그것이다. 이 과정은 [그림 1−4]와 같이 나타낼 수 있다.

황희의 비유법은 아름다움이나 기교적인 면에서의 표현이 아닌 깨달음이라는 배움의 소통이자 설명해 주는 가르침의 소통이다. 황희가 마지막 3단계에서 사용한 직유법이 잘 드러난 또 다른 대화를 살펴보자.

어린 나이에 복안궁 녹사가 되었지만 2년 뒤에 벼슬을 내놓고 공부를 더 하던 어느 날, 황희는 바람을 쐬러 밖으로 나왔다. 아이들 한 떼가 정자나무 밑에서 놀고 있었다. 정자나무 한쪽으로는 냇물이 흐르고 있었다. 한 아이가 형에게 매미를 잡아 달라고 졸랐다.

"저렇게 높은 가지에 앉아 있는데 어떻게 잡니?"

"그래도 잡아 줘."

동생이 떼를 쓰자, 형은 하는 수 없이 정자나무에 기어 올라갔다. 그런데 갑자기 나뭇가지가 우지끈하고 부러지고 형은 밑으로 떨어졌다. 황희는 얼른 달려갔다. 나무에서 떨어진 아이는 죽은 듯이 누워 있었다. 황희는 울고 있는 동생에게 "여기에 물을 축여 가지고 와."라고 말했다. 이후 동생이 갔다오자 황희가 물에 적신 적삼으로 나무에서 떨어진 아이의 이마를 문질러 주자 "으음……."하여 나무에서 떨어진 아이가 정신을 차렸다. 황희는 아이를 업고 집에 데려다 주었다. 아이의 아버지는 고맙다는 인사를 수십 번도 더 하였다.

"자네가 아니었으면, 우리 아이는 죽었을 걸세. 사실은 내가 자네한테 사과할 것이 있네……. 자네가 벼슬도 그만두고 집에만 틀어 박혀 있으니, **내가 바보라고 마을 사람들에게 말하고 다닌 일이 있네**(고백과 사과)."

"저도 나무에서 떨어진 아이와 꼭 같습니다. 다만 나무에 올라가지 않았을 뿐입니다(직유법 1+조건)."

"그게 무슨 말인가?(질문)"

"올라가지 못할 나무는 쳐다보지 말아야 합니다. **벼슬도 그와 꼭 같습니다**(직유법 2=이유해명으로 답변). 실력을 기른 다음에 벼슬에 올라야 되지 않습니까?"

황희의 말을 들은 그 아이의 아버지는 고개만 끄덕거렸다.

"아무튼 자네는 나의 은인일세. 자네가 만일 벼슬에 나가 있었다면, 우리 아이는 죽었을 걸세."

"아닙니다. 저도 오늘 많은 것을 배웠습니다."(장수황씨대전연지회, 1994: 54-56)

황희는 나무에서 떨어진 잘 모르는 아이를 도와주고 업어 집까지 바래다주었다. 황희는 남의 아이들까지 눈여겨 보고 살폈으며 무척 좋아하기도 하였다. 아이의 부모는 황희의 행동에 감동하여 고맙다는 말을 수십 번 하였다. 그러면서 뜻밖에 사과를 하는데, 황희는 아이 아버지의 고백과 사과 그리고 떨어진 아이를 곰곰이 생각하며 자기 나름의 깨달음을 얻게 된다. 이는 통찰(insight)과 같다. 각 요소를 하나의 전체적인 관계로 조직하면서 어떠한 깨달음을 얻은 것이다. 그리고는 자신이 아이와 똑같다는 직유법을 사용하여 자기의 속말을 표현하고 있다. 직유법은 원관념과 보조관념의 표면적인 유사성을 바탕으로 그 내용을 표현한다. 따라서 비교매체를 가지게 되며 '처럼, 같이, 듯'과 같은 용구(用具)를 사용한다. 황희는 원관념인 '자신'을 보조관념인 '떨어진 아이'로 비교 표현하였다. 황희는 아이가 나무에 올라갔다가 떨어진 행동을 보고 아이와 자신의 상황을 비교하며 그 둘 사이에서 표면적인 유사성을 유추한 것이다. '아이가 못 오를 나무에 오르다가

떨어졌다'나도 아직 준비가 안 된 상태에서 벼슬에 나아가면 물러나게 된
다'는 것이다. 따라서 나무와 벼슬의 표면적 유사성인 '오르다'와 '떨어지
다'를 유추하여 아이의 아버지에게 직유법으로 표현했다. 그러나 아이는
이미 나무에서 떨어졌고 황희는 아직 벼슬에 오르지 않았다는 점에서 황희
는 이미 일어난 일에서 미래에 일어날 가능성이 있는 일과의 유사성을 미
리 유추하여 직유법으로 표현한 것이다. 그렇기에 황희는 직유법 1 뒤에 과
거일과 미래일의 유사성을 유추되기 위한 조건이 아직 성립되지 않았음을
나타내는 '아직 나무에 올라가지 않았을 뿐'이라는 조건을 말해 주었다.

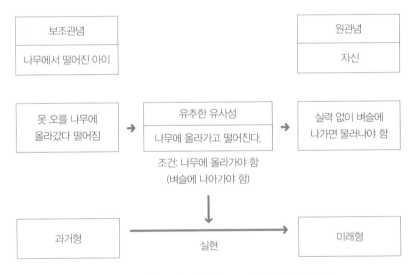

[그림 1-6] 황희의 비유법(직유법)을 통한 유추과정

자신의 사과에 괜찮다거나 또는 그러지 말라거나 등의 반응을 기대했던
아이의 아버지는 황희가 직유법 1을 표현하자 전혀 이해하지 못한 채, 그게

무슨 소리냐면서 질문을 하고 있다. 아이 아버지가 황희의 내면에서 일어난 과거 일과 미래 일 사이의 표면적 유사성의 유추과정을 짐작하지 못했다는 증거이다. 그러자 황희는 다시 직유법 2로 벼슬과 나무의 표면적 유사성을 구체적으로 설명해 주었고 아이의 아버지는 이제야 이해가 된 듯 고개를 끄덕인다. 이 부분은 아이의 아버지가 황희에게 사과한 것에 대한 답변으로도 볼 수 있는데, 처음에 아이의 아버지는 자신이 경솔하게 말하고 다닌 것을 앞에서 사과하였지만, 황희는 괜찮다는 답변을 하지 않았었다. 대신 직유법 1을 말하였으나, 아이의 아버지가 이해하지 못함으로써 직유법 2를 통해 다시 자신이 벼슬에 왜 나가지 않았는가에 대한 이유를 설명해 주었고 그로 인해 아이 아버지가 황희가 벼슬하지 않는 이유를 스스로 깨달았으니 사과에 대한 답변인 것이다.

이 때 황희 자신은 직유법 1을 말하기 전에 이미 자신의 내면화에 깨달음이 있었으며, 아이의 아버지는 직유법 2에 이르러서야 비로소 그 깨달음을 얻었다. 이 부분은 문제 해결의 다른 접근을 찾아볼 수 있는 대목이다. 일반적인 대화 구조에서 차례—지키기 체제와 인접해 있는 대화—쌍은 널리 알려져 있는데, 예를 들자면 인사—인사, 질문—대답, 초청 또는 수락—거절 등의 형태가 인접한 대화—쌍의 유형이라고 할 수 있다. 이러한 대화 구조의 측면에서 본다면 아이의 아버지가 사과를 했으면 그것을 받아들이거나 받아들이지 않거나 하는 대화를 하는 것이 구조상 자연스러울 것이다. 그러나 황희는 그러한 대답 대신 오히려 자신이 왜 그러한 행동을 했는지 이유를 설명해 주고 있다. 1차원의 변화가 동일 차원 내에서의 변화이고 2차원의 변화는 한 차원 높은 수준의 변화를 일컫는다면 인접한 대화-쌍의 구조로 대화하지 않는다는 것은 일반적인 해결이 아닌, 차원을 뛰어넘는 변화인 것이다. 황희의 직유법을 통한 대화법은 아이의 아버지에게 새로운 접근으로 받아들여졌을 것이며, 자신의 잘못된 행동을 스스로 반성해 보게 하였을 것이다. 더구나 벼슬에 나가지 않은 이유를 앞에 벌어진 상대방의 자녀의 실수를 활용하여 비유하니 이보다 더 현명한 방법이 어디 있을까.

이런 상황에서 상대방은 오히려 더 미안하고 고마운 마음이 들 수밖에 없을 것이다. 아버지 입장에서 보면 자신이 욕하고 다닌 사람이 자식을 구해 주니 너무 고맙고 미안한 마음에 스스로 고백을 하고 사과를 했는데, 그

가 르 침 의 소 통	3단계 구체적 설명		직유법 2 올라가지 못할 나무는 쳐다보지 말아야 합니다. 벼슬도 그와 꼭 같습니다. 실력을 기른 다음에 벼슬에 올라야 되지 않습니까?
		↑	
배 움 의 소 통	2단계 내면화와 표현	직유법 1 + 조건 저도 나무에서 떨어진 아이와 꼭 같습니다. 다만 나무에 올라가지 않았을 뿐입니다.	
		↑	
	1단계 – 깨달음	아버지의 고백과 사과	
		↑	
	비계설정	나무에서 떨어진 아이를 돌봐 주고 업어서 바래다 줌 (비언어적 방법)	

[그림 1–6] 황희의 비유법(직유법)의 소통적 의미2

잘못을 탓하기는커녕 직유법을 통해서 그 이유만 설명하니 얼마나 더 미안하고 고마운 마음이 들 것인가. 실제로 아버지는 황희에게 처음에 고맙다는 말을 수십 번 하였으며 나중에는 황희에게 은인이라는 말을 사용하였다. 황희는 이렇듯 남의 잘못을 들추고 추궁하지 않으면서도 비유법을 활용하여 상대방이 스스로 깨닫게 하였고 그러면서도 자신의 입장은 스스로 현명하게 대처하는 소통법을 구사하였던 것이다. 여기에서도 앞서 제시한 판쇠와의 대화와 유사한 비유적 소통의 의미가 나타난다.

황희는 떨어진 아이를 살려주고 자신의 입장과 유추하여 보며 벼슬자리에 나아간다는 것에 대한 고민을 더 해 보았을 것이며 또 고백과 사과를 하는 상대방을 비유적 표현을 통해 잘못을 스스로 깨닫게 하였으니, 이 역시 배움의 소통이자, 가르침의 소통인 것이다.

황희는 직유처럼 원관념과 보조관념의 관계를 직접 드러내지 않고 유추과정을 통해 원관념을 보조관념 뒤에 숨기면서 그 안에 우화적이고 다소 교훈적인 내용을 넣어 말하는 풍유법(allegory)을 대화에 활용하기도 하였다. 풍유법은 우의법이라고도 하는데, 위트와 유머가 유발하는 흥미를 바탕으로 원관념은 숨기고 보조관념만으로 숨겨진 본래의 의미를 암시하는 방법이다. 흔히 '지렁이도 밟으면 꿈틀거린다.'나 '벼이삭도 익으면 고개를 숙인다.'와 같은 격언이나 속담에서 구사되는 표현법을 말한다(한국민족문화대백과). 풍유법은 일종의 고도로 발전된 은유법이다. 은유법은 원관념을 숨기고 보조관념만으로 그 뒤에 숨겨진 풍자적이고 암시적인 원관념을 밝혀내도록 하기 때문이다. 풍유법이 나타난 다음 대화들을 통해 황희의 소통방식을 알아보자.

맹사성이 태종의 사위인 평양군의 죄를 밝히려다가 태종의 미움을 사게 되었다. 태종은 맹사성을 죽이라고 명령하였다. 이 때 황희가 태종 앞에 나섰다.

"전하, **작은 나무 기둥 하나를 얻으려고 해도 십여 년을 키워야 합니다**(풍유법). **훌륭한 인재를 기르기 위해서는 그것보다 훨씬 더 많은 시간과 노력이 필요하옵니다**(숨겨진 원관념 제시 → 황희의 다급함)."

말을 이어가는 황희의 눈빛은 진실됨을 알리는 간절한 것이었다.

"부디 맹사성을 용서하여 주옵소서. **인재는 한 번 잃기는 쉬우나 다시 얻기는 어렵습니다**(원관념의 반복)."

"물러가시오!"

태종의 화는 쉽게 풀어지지 않았다.

"전하……."

황희는 눈물을 흘릴 뿐 물러서지 못하였다(비언어적 행동으로 간절한 마음 전달).

"맹사성은 뒷날 반드시 큰 공을 세울 인물입니다. 부디 용서하여 주시옵소서."

황희의 간절한 마음에 화를 내던 태종의 마음도 조금씩 풀어졌다.

"공은 언제나 내게 바른 길만 알려 주었소. 내 어찌 공의 뜻을 버리겠소. 고맙소."

"황공하옵니다, 전하. 맹사성은 반드시 나라에 이로운 좋은 일을 많이 할 것이옵니다."(장수황씨대전연지회, 1994: 113-114)

앞의 대화에서 황희는 맹사성을 당장 죽이라는 태종을 설득하기 위해 '작은 나무 기둥 하나를 얻으려고 해도 십여 년을 키워야 한다'며 풍유법을 사용하고 있다. 황희는 아직 어리고 힘 없는 '작은 나무 기둥'과 아직 인재로서의 기능을 하지 못하는 '나약하고 부족한 인재'라는 공통의 의미내역을 유추관계로 맺으면서 작은 나무 기둥은 약하고 부족한 인재로 전의되어 약하고 실력이 부족한 사람을 기르는 데도 시간이 많이 걸리는데, 능력 있고 성실한 맹사성과 같은 인재를 구하고 기르는 것은 매우 힘들고 어려운 일이라는 뜻을 암시하고 있다.

풍유법의 분명한 뜻을 파악하기 위해서는 풍유법이 사용된 주변 상황과 문맥을 세심하게 봐야 한다. 황희가 풍유법으로 말하고 있는 전후 상황을 살펴보면, 태종이 매우 화가 나서 맹사성을 당장 죽이라고 명령하였고, 곧 맹사성은 죽을 수 있는 절체절명의 위기상황인 것으로 생각할 수 있다. 황희는 이런 다급한 상황에서 태종에게 '죽이지 말라'는 직언을 하는 것보다는 보조관념을 드러내 우회적이고 부드러운 표현으로 임금의 노여움을 진정시키고 또 임금이 보조관념 뒤에 숨겨진 원관념을 스스로 생각하고 깨달아 명령을 거두게 하고자 이 풍유법을 사용하였을 것이다. 태종이 그렇게 화가 난 상황에서 '통촉하여 주시옵소서'와 같은 직접적 표현이 아니라 생각의 여유를 가져야 하는 풍유법을 통한 대화를 시도했다는 것 자체가 위기의 순간에 더 침착하고 신중한 황희의 인품과 노련함을 엿볼 수 있는 부분이기도 하다.

그런데 황희는 풍유법을 사용하여 말해 놓고 태종이 원관념을 발견할 시간도 주지 않고 바로 뒤에 자신이 원관념을 그냥 말해 버린다. 이는 아마도 황희가 태종이 불처럼 급한 성격의 소유자임을 알고 있고 맹사성의 목숨은 시시각각 위태로워지는 촌각을 다투는 긴박한 상황에서 나타난 애타고 다급한 심정의 반영이었을 것이다. 이후에도 황희는 원관념을 한 번 더 진실된 마음으로 말하였으나 태종이 쉽게 마음을 돌리지 않았다는 점을 보면 매우 다급하고 애타는 심정이었을 것이다. 이후 눈물을 흘리며 간절한 마음으로 감정에 호소하며 맹사성의 용서를 빌고야 태종은 황희의 말을 따르게 된다.

인간의 욕구 자체가 감성적인 것에 기반을 두고 있으므로 감성적인 것을 읽어주고 보듬어 줄 때 설득할 가능성은 더 커질 수 있다. 결국 진실되고 간절한 마음이 임금의 마음을 설득하기는 하였지만, 황희가 처음에 보조관념만 드러낸 풍유법을 표현했기 때문에 임금은 자신의 행동을 잠시 되돌아보며 인재 양성의 어려움을 생각해 볼 시간적 여유가 생겼던 것이며, 그 이후에 진실된 마음으로 원관념을 계속 말하고 이어 간절한 마음을 비언어적 행동으로 함께 표현하였기 때문에 임금의 마음을 설득할 수 있었다. 상황에 적합하게 맞추는 황희의 이러한 단계적인 노력은 결국 태종의 마음을 돌려놓았고 황희에게 고마운 마음까지 갖도록 만들었다. 이는 상대방의 인격을 존중해 주면서 어느 한쪽이 패자가 되었다는 느낌을 갖지 않고서 서로가 만족스럽게 갈등을 풀어가는 전형적인 Win-Win 소통이다. 맹사성은 살리고, 태종의 마음은 풀게 하고, 자기 자신은 임금에게 고마움의 표현을 받는 그야말로 어느 누구에게도 상처가 없는 건강한 결과를 가져왔기 때문이다. 이것은 황희가 풍유법의 원래 속성에 매어 있지 않고 그것을 전후 맥락에 맞도록 융통성 있게 조정하여 사용한 데서 나온 효과다. 황희가 풍유법의 원래 속성대로 태종으로 하여금 끝까지 원관념을 발견하라고 내버려 두었다면 맹사성은 목숨을 잃고, 태종은 아까운 인재 하나를 잃어버리게 되었을지도 모른다. 황희의 비유적 소통은 상황, 맥락, 대상자를 동시에 고려한 융통성 있는 소통이다. 이 내용은 [그림 1-7]과 같다.

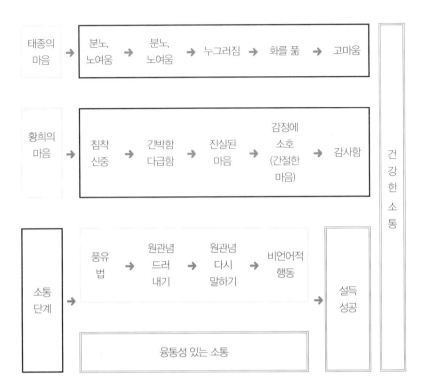

[그림 1-7] 황희의 비유법(풍유법)을 이용한 소통적 의미3

풍유법을 활용한 황희의 또 다른 대화를 살펴보자.

공작새 한 쌍을 조선에 보내면서 통통하게 살 찌워 보내라는 중국의 강력한 요구가 있었다. 그러나 공작새는 새가 좋아하는 먹이를 줘도 먹지 않고 바싹바싹 말라 죽기 직전이었다. 조정에서는 큰 걱정이 되었고, 아무리 궁리를 해도 좋은 묘책이 서지 않아 임금은 생각다 못해 황희 집으로 신하를 보내 유언으로 남긴 말씀이 있는지 알아오라고 하였다.

황희의 집으로 찾아 간 신하에게, 황희가 춘추 90세를 일기로 서거하시기 직전에 시종들이 울면서 '대감께서 서거하시면 우리 소인들은 누구를 믿고 어떻게 살아갑니까!'라고 하니, 황희가 "공작은 날거미만 먹고도 사는데 무엇을 걱정하느냐?"하고 말씀하셨다고 시종이 말했다.

이후 임금은 전국에 방을 붙여 날거미를 잡아들여 먹게 하자, 석 달도 안돼서 살이 통통하게 살이 쪄 다시 중국으로 보내니 명나라 조정에서는 깜짝 놀라며 조선에 황희가 서거 했는데도 황희에 버금가는 신하가 있다고 생각하고 무리한 조공과 침략계획을 포기하였다고 한다(장수황씨대전연지회, 1994: 266-267).

황희가 세상을 떠나기 직전 시종은 황희의 죽음이 너무나 슬픈 나머지 황희에게 '서거하시면 누구를 믿고 어떻게 사느냐'며 울부짖는다. 이에 황희는 공작은 날거미만 먹고도 사는데 무엇을 걱정하느냐며 풍유법으로 생각을 표현한다. 날거미만 먹으며 '아무것도 없이 사는 공작'과 황희가 떠나고 '황희 없이 살아야 하는 소인들'이라는 공통의 의미 내역을 유추관계로 맺으면서, 아무것도 없이 사는 공작은 황희 없이 살아야 하는 소인들이라는 의미로 전의되며 사람보다 더 약한 존재들도 사는데 내가 없다 한들 무엇을 걱정하느냐는 뜻을 암시하는 말을 하고 있는 것이다.

초월이란 마음의 작용에 집착하거나 마음에 매어 있지 않은 상태를 의미하는 것으로 마음의 작용과 기능은 있으되 그로부터 자유로운 상태를 말하는데, 자기 앞에 있는 죽음을 초연하고 덤덤하게 받아들이며 오히려 산 사람들을 걱정하는 황희의 모습은 죽음까지도 초월한 경지의 자세다. 삶은 죽음이 있음으로, 죽음은 삶이 있으므로 그 의미를 가질 수 있다. 삶과 죽음은 동전의 양면처럼 똑같은 가치의 의미를 가지며 상반되는 개념이므로 오히려 더 가치가 있다. 그러나 이러한 통찰적 관점에서라도 삶은 지금 당장 우리의 곁에 있고 죽음은 우리의 곁에 없다는 이유로 우리는 죽음을 막연히 두렵고 무서운 것으로 생각하기 쉽다. 풍유법으로 표현된 이 말은 결국 산 사람들에게 희망과 용기 그리고 자신이 없어서 슬퍼할 사람들을 위해 조금이라도 위로를 해 주고 싶은 황희 정승의 깊고 초연한 마음의 발로인 것이다.

이 일은 후에 공교롭게도 중국 명나라의 조공과 침략을 정당화하려는 속셈을 저지하는 데 큰 역할을 하게 된다. 죽음을 초월한 여유로운 마음으로 인해 표현 가능했던 비유적인 말이 황희가 서거 후까지 현명한 정치를 하는 데 영향을 준 것이다. 황희는 상대방이 잘못을 할 때도 그것을 지적하거나 직접 말하기보다는 우회적으로 돌려서 말하고, 상대방이 스스로 알아서 자신의 잘못을 깨달아 고치도록 하는 풍유법을 즐겨 썼다. 인간은 타고난 잠재적 성향을 스스로 실현해 나가는 방향으로 움직이는데 이러한 실현경향성은 지속적으로 더 성숙하고 발전되어 간다. 황희는 바로 인간의 잠재성에 대한 믿음과 인간에 대한 신뢰를 가지고 있었던 것이다. 다음의 대화를 통해 풍유법이 한 사람의 행동을 어떻게 변화시키도록 하는지 알아 보자.

황희는 집에 머물 때는 그렇게 위엄 있지 않았으나 도당(都堂)에 나가면 여러 관료가 감히 고개를 들고 쳐다보지도 못했다. 당시 김종서가 육진을 개척한 뒤 병조판서를 제수(除授) 받아 임금의 대우가 극진하므로 거만스러워져 함부로 행동하는 경향이 있었다.

어느 날 공회(公會) 때 김종서가 술에 취해 비스듬히 앉아 있는 것을 본 황희가 하급 관원에게 "여봐라. 병조판서의 앉아 있는 **저 의자가 한 쪽 다리가 짧아 몸이 기울어졌구나**(풍유법). **어서 나무토막을 가져다가 바르게 고여드려라**(해결책)."라고 일렀다. 그 말을 들은 김종서는 정신이 혼비백산하여 다른 중신들이 지켜보는 가운데 뜰 아래로 내려가 넙죽 엎드려 잘못을 빌었다.

"소관이 잘못했사옵니다. 영상께서는 수양이 부족한 이 몸을 더욱 깨우쳐 주소서(원관념을 깨닫고 행동을 고침)."

"병판대감, 어서 일어나시오. **사람은 누구나 잘못을 저지를 수 있지만 곧 깨닫고 고쳐 나가는 것이 중요하오**(다독임)."

황희는 김종서에게 다가가서 손을 내밀어 일으킨 후 어깨를 다독거렸다. 그 뒤로 김종서는 항상 자신의 행동을 조심했다(김덕성, 『식소록』)(황대연, 2010: 134-135).

황희는 한 쪽 다리가 짧아 기울어진 '의자'와 비뚤어진 자세를 보이는 '거만한 마음의 김종서'를 자세가 비뚤다는 공통의 의미내역을 유추관계로 맺으면서 '다리 짧은 의자'를 '거만한 마음의 김종서'라는 의미로 전의하면서 '거만한 마음으로 자세가 비뚤어졌으니 바르게 앉으라'는 뜻을 암시하며 말하고 있다. 이를 위해 원인이 되는 원관념을 숨기고 다리가 짧다는 보조관념을 표면화하여 하급관리에게 나무토막을 갖다 괴라고 하고 있다. 그러자 김종서는 자신에게 똑바로 앉으라는 황희의 원관념을 파악하고 재빨리 땅바닥에 엎드려 사죄한다. 적의 화살이 날아와 책상 위에 꽂혀도 아랑곳 하지 않던 김종서가 황희의 그 한마디에 식은 땀을 흘리며 넙죽 엎드리며 자세를 고친 것이다. 황희는 김종서에게 직접 말하지 않았으며 그저 하급 관원에게 의자 다리를 고치도록 하였을 뿐인데, 김종서가 행동변화를 보인 것이다. 이는 보조관념 이면에 김종서가 자신의 잘못을 깨닫고 행동을 고치게 할 수 있는 강력한 변화의 힘이 숨어 있었기 때문이다.

황희의 풍유법은 외유내강(外柔內剛)이다. 황희는 김종서가 함경도 관찰사를 지낼 당시 북방 개척 계획을 위해 함께 일하면서 김종서가 철저하면서도 예리한 성품의 소유자임을 잘 알고 있었기 때문에 김종서가 풍유법의 원관념을 재빨리 파악할 정도의 역량은 되리라고 생각했을 것이다. 김종서 역시 황희의 비유적인 소통법을 금세 깨닫고 정신이 혼비백산하여 다른 중신들이 지켜보는 가운데 뜰 아래로 내려가 넙죽 엎드려 잘못을 빌고 있다는 점을 보아 직설적으로 말하지 않으면서도 상대의 행동을 바꿀 수 있는 소통을 하는 그 순간 같은 소통으로 황희와 조율된 것이다.

김종서를 한 번 보자. 김종서는 화를 내기는커녕 넙죽 엎드려 잘못을 빌며 스스로 자세를 고치고 반성하였다. 황희는 누군가로 하여금 스스로 반성하여 행동을 고치도록 할 때는 직접적인 지시가 아닌 생각할 시간을 주는 풍유법을 활용하여 그 사람의 허물을 덮어 주고 인격을 존중해 주는 방식으로 대하였던 것이다. 그리고 상대방이 깨달았을 때는 다독거림과 따스한 말로 격려해 주어 실천의지를 북돋아 주었다.

황희의 말을 좀 더 자세히 보자. 황희는 자신이 본래 하고 싶은 말을 표면적으로 드러난 말 이면에 숨겼지만, 김종서는 이 숨은 의도를 간파하고 머리끝이 쭈뼛해졌을 것이다. 직설적으로라면, "자네, 자세가 그게 뭔가? 바르게 앉게."와 같은 결과에 대한 진짜 원인을 찾아 제거하길 요청하는 말을 할 수도 있었지만, 이런 말을 들은 상대방은 아무리 낮은 직급에 있는 사람일지라도 기분이 언짢을 것이다. 황희는 자신이 말해 주고 싶은 숨은 의도를 상대방만 깨닫도록 보조관념으로 소통하고 있다. 그러나 보조관념의 제시만으로 끝내는 것이 아니라 그 보조관념을 원인과 결과로 나누어 생각하고 그것을 해결하기 위한 방법까지 제시하면서 풍유법을 보다 확장된 개념으로 소통하고 있다.

풍유법은 앞서 원관념(元觀念)을 뒤에 숨기고 보조관념(補助觀念)만으로 숨겨진 본래의 의미를 암시하는 비유법의 하나라고 하였고, 이면에 숨겨진 의미가 풍자적, 암시적인 성질의 것이 많아 다른 말로 우화법(寓話法)이라고도 한다 하였다. 그런데 풍유법의 표현으로 볼 수 있는 '원숭이도 나무에서 떨어진다.' '빈 수레가 더 요란하다.' 등과 같은 속담의 경우를 살펴보면, 숨겨진 원관념과 보조관념은 제시되어 있지만 해결책이나 방법은 드러나 있지 않다. 반면 황희는 보조관념을 하나의 원인과 결과라는 구조로 보고 결과에 대한 해결책을 제시하며 풍유법을 좀 더 확장함으로써 실천적 의미로 비유적 소통을 하고 있다. **'저 의자가 한 쪽 다리가 짧아 몸이 기울어졌구나.'**라는 보조관념만 말할 경우 구체적인 실천의 압력이 느껴지지 않으나

	원인과 결과		해결	소통의 대상자
드러난 보조 관념	의자가 한 쪽 다리가 짧아(원인) 몸이 기울어졌다.(결과)	확장함 →	나무토막으로 괴기	하급관리
감춰진 원관념	거만한 마음을 가져(원인) 몸이 기울어졌다.(결과)		거만한 마음을 버리고 바르게 앉기	김종서

[그림 1-8] 황희의 확장된 비유적(풍유법) 소통의 의미

뒤에 나무토막으로 괴라는 해결책을 말할 때는 상대방으로 하여금 좀 더 분명한 행동의 변화와 실천을 기대할 수 있다. 해결해야 할 과제의 초점이 분명하고 구체적으로 드러나 있으므로 해결책 제시는 상대방의 행동변화에 도움을 줄 수 있는 것이다.

황희는 대부분 사람들에게 너그럽고 인자하였으나, 엄격하게 대할 사람들에게는 매우 엄격하게 옳고 그름을 분명히 따져 가르쳤다. 바로 치신, 수신, 보신이라는 세 명의 자식들에게 그러하였다. 이 중 황희의 둘째 아들 수신은 난봉꾼으로 알려져 있는데, 집안일은 거들떠보지도 않고 술집에서 살다시피 하여 황희는 여러 번 타일렀으나, 그의 행동에는 변화가 없었다.

황희는 둘째 아들을 교육시킬 때 은유법(metaphor)을 활용하였다. 은유법은 원관념과 보조관념의 관계를 직접 드러내지 않고 암시하는 방법으로 한 사물의 의미를 다른 것으로 전이시킴으로써 양자의 비상사성(非相似性) 가운데서 새로운 유사성을 발견해 내는 방법이다. 은유라는 말은 희랍어 metaphora에서 온 것이다. '너머로'라는 의미의 meta와 '가져가다'라는 의미의 pheria에서 유래되었다. 따라서 은유는 한 사물의 양상이 다른 한 사물의 양상으로 '넘겨 가져가다'라는 의미를 내포하고 있다. 그렇기 때문에 보통 은유를 설명할 때 우리는 'A는 B'라는 도식을 사용하게 된다. 원관념 A와 비유적 대치물인 B사이의 관계는 등가성(等價性, equivalence)의 원리로 작용하게 된다. 그런데 은유란 의미의 전의에 의해서 이루어지는 것이므로 시나 소설에서만 사용되는 특수한 용법이 아니라 일상적 언어기호의 일반적 속성이기도 한 것이다. 따라서 우리 인간이 경험하는 현실세계를 의미화해 주는 전의 구실의 측면에서 황희가 자녀 교육에서 사용한 은유법을 찾아보고 소통의 의미를 정리해 보고자 한다.

익성공의 둘째 아들 수신에게 사귀는 기생이 있었다. 공이 늘 엄격하게 나무랐지만 수신은 '예! 예!' 대답만 할 뿐 관계를 끊지 못하였다. 하루는 술에 취해 돌아오는 아들을 대문에서 맞으며 절을 올린다. 아들은 술기운이 확 달아나 버렸다.

"손님, 어서 오십시오(은유법)**."**

"아이쿠 아버님, 왜 이러십니까?(질문—인지적 갈등: '아버지가 왜 날 손님이라고 하시나?')**"**

"뉘시온지 모르지만 어서 오십시오. 절더러 아버지라 하십니다만 댁은 제 아들이 아닙니다. **애비 말을 안 듣는 자식은 손님**이나 마찬가지인데, **주인이 손님에게 절하는 것이 무에 그리 잘못된 일입니까?**(은유법, 반문)**"**

"아이쿠 아버지, **제가 잘못했습니다**(용서 구하기 1)**."**

수신이 대성통곡을 하는데도 황희는 손님을 향해 **숙인 고개를 들지 않았다**(기다림)**.**

"아닙니다. 손님, 손님의 마음을 불편하게 해드려서 제가 오히려 잘못했습니다. 손님, 이제 그만 들어갑시다(용서 구하기 2)."

"아버지, 아버지, 죽을죄를 지었습니다. 다시는 이런 일이 없을 것이오니, 부디 용서해 주십시오(반성과 깨달음)."(장수황씨대전연의회, 1994: 210-211.)

황희는 말로 해도 듣지 않는 아들을 위해 은유법을 활용하고 있다. '아들'을 원관념으로, '손님'은 보조관념으로 보고 이 둘의 관계를 직접 드러내지 않고 암시하는 방법으로 표현하고 있는 것이다. 은유가 한 사물의 양상이 다른 한 사물의 양상으로 '넘겨 가져가다'라는 의미를 내포하고 있으므로 원관념인 '아들'을 비유적 대치물인 '손님'에게로 넘겨지게 하여 아들의 의미를 손님의 의미로 바꾸었다. 이 때 표현대상인 원관념 A와 비유적 대치물인 B사이의 관계는 등가성(等價性, equivalence)의 원리로 작용되기 때문에 '아들은 손님이다'라는 은유법은 적합하다. 등가성에 의해 서로 다른 일군에서 선택된 아들과 손님이라는 두 단어는 '말을 듣지 않는다'는 내포된 속성에 의해 그 유사성을 찾을 수 있기 때문이다. 황희는 다음과 같이 아들과 손님 사이에서 유추관계를 끌어냈을 것이다.

A 아들 - 아버지인 **자신의 말을 듣지도 않고** 하고 싶은 대로 행동하고 집에 드나들었다.

B 손님 - 나의 집에 볼일을 보러 가끔 오는 사람들로 **내 말을 들을 필요도 없고,** 주인인 나는 손님을 대접해야 한다.

즉, 등가성에 놓인 두 단어에서 똑같이 자신의 말을 듣지 않는다는 유사성을 찾은 후, 손님에게로 전이된 아들의 의미를 몸소 보여 주기 위해 문 밖으로 뛰어가 수신에게 절을 하며 아들을 손님맞이하듯이 한 것이다. 그러자 아버지의 뜻밖의 행동에 깜짝 놀란 수신은 정신을 차리고, 왜 그러시느냐며 황공해 하는 모습을 보이며 질문한다. 아들은 평상시와 다른 아버지의 모습에서 당혹스러움과 이것이 무슨 일인가 하는 인지적인 혼란 상태에 놓였을 것이다. 앞서 어떤 상황이나 사건에 접하였을 때 특정 도식을 적용하여 평형 상태가 오면 만족스럽지만 불균형 상태가 되면 불편해짐을 느낀다 하였다. 그러나 황희는 꿈쩍도 하지 않고, 뉘시온지 모르지만 어서 오시라며 계속해서 손님 대하듯 정중하게 수신을 대할 뿐이다. 그리고는 애비 말을 듣지 않는 자식은 손님과 마찬가지라며 은유적 표현에 대한 좀 더 자세한 설명을 붙이고 있다. 게다가 주인인 내가 손님에게 절하는 것이 무엇이 잘못인지를 오히려 되물으며 수신을 더 부끄럽고 당황하게 만들고 있다. 수신이 당황하고 몸 둘 바를 몰라 할수록 황희는 더욱더 아무렇지 않게 자신이 의미를 전이시킨 손님으로 차분하게 대하고 있는 것이다. 이후에도 수신은 두 차례 용서를 구하지만 황희는 변화 없이 고개를 숙이고 기다릴 뿐이다.

은유는 내가 의미하는 것과 실제 대상 사이에 일정한 거리를 생기게 하며 그 비워진 공간을 상대방이 나름대로 생각해 보고 유추해 가며 생각할 수 있는 심리적 여유를 제공하기 때문에 상대방의 자아존중이나 체면을 지켜 주면서 소통하기에 좋은 방법이다. 그러나 황희는 심리적 여유를 주는 것에서 그친 것이 아니라, 수신이 생각할 시간적 여유까지 주기 위해 '기다림'을 사용한다. 황희의 '기다림'은 고개를 숙인 채 아무 말도 하지 않는 자세였으므로 '침묵'이다. 침묵은 다른 아무것도 하지 않고 상대방의 이야기를 묵묵히 들어 주는 것이다. 때로는 말로써 응하지 않고 몸말만으로 대화하는 것이 훨씬 바람직하다고 생각될 때 상대방의 이야기에 그저 침묵을 지키며 몰입하는 것은 가장 좋은 방법일 수 있다. 황희가 은유적 소통에서 사용한 '기다림'은 은유법 자체의 기능에서 파생된 비유적 대상(손님)과 수신과의 심리적 공간 형성에 따른 덜 위협적인 분위기만 제공한 것이 아니라, 더 나아가 수신이 충분한 깨달음을 얻기 위한 시간적 여유까지 제공해 주었다는 점에서 매우 중요한 방법이다.

침묵이 좀 더 특별한 메시지를 전달하는 중요한 의사소통의 도구라는 점에서 보면 아들에게 '이번에는 나도 물러서지 않을테니 각오해라'라는 메시지를 전달하고 있기도 하다. 실제 황희의 '기다림' 전과 후를 살펴보면 수신이 용서를 계속 구하고 있는 모습을 볼 수 있으며 수신은 결국 두 차례의 용서를 구하고 나서야 자신의 행동을 반성하고 깨닫게 된다. 황희는 아들이 깨달음을 얻기까지 은유적 표현과 반문, 그리고 기다림으로 소통한 것으로 보이며, 그것을 표로 정리하면 [그림 1–9]와 같다.

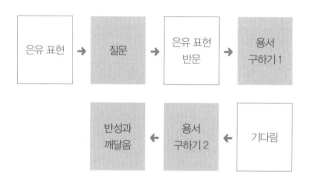

[그림 1–9] 황희의 비유적(은유법) 소통의 의미

은유는 내가 의미하는 것과 실제 대상과의 사이에 일정한 공간을 생기게 하여 상대방이 자아 존중감이나 체면을 덜 구기면서 자기 나름대로 자신의 행동에 대해 해석할 수 있는 여유를 갖게 한다. 따라서 아들은 자신을 손님으로 대하는 아버지를 보면서 손님과 자신의 행동이 어떤 면에서 유사한지, 지금 무엇이 잘못된 것인지에 대하여 상대적인 거리감을 느끼면서 (완전한 손님은 아니기 때문에) 자신의 현재 행동을 덜 위협적인 상태에서 돌이켜볼 수 있었다. 은유가 상대방의 사고를 새로운 수준으로 끌어올리려 하거나 대안을 확장시키려는 목적으로 사용할 수 있다면, 항상 대하던 방식과 다른 방식의 접근이 나타날 때 우리는 그것을 낯설게 느끼며 그 방식에 대한 혼란스러움을 인지적 불균형 상태의 부조화로 경험하게 될 것이다.

수신은 아버지 황희의 모습이 다소 충격적으로 보여서, 순간 인지적 불균형 상태를 평형화시키기 위한 노력이 필요했을 것이다. 또 그동안 황희가 수신에게 말로 잘 타일렀으나 전혀 개선의 여지가 보이지 않았었다는 점을 상기한다면 새로운 시도를 해 보았을 충분한 근거가 된다. 1차원의 변화가 동일 차원 내에서의 변화이고 2차원의 변화는 한 차원 높은 수준의 변화를 일컫는다면 평소의 아버지의 모습이 아닌 전혀 다른 모습은 아들로 하여금 새로운 차원의 생각을 하게 하여 변화의 기회를 줄 수 있을 것이다. 지금까지의 방식과 전혀 다른 이런 새로운 방식은 한 단계 높은 수준의 사고를 하도록 이끌어 주어 대안을 선택할 수 있는 지평을 보다 확장시켜 주는 기회가 되기 때문이다.

사람들은 자신의 약점을 드러내고 싶어 하지 않는다. 설사 자신의 문제를 스스로 알고 있더라도 그것을 누가 지적해 주면 별로 좋아하지 않는다는 말이다. 황희의 우회적 접근으로 일종의 통찰을 경험하게 된 수신은 자신의 행동이나 말을 되돌아 보게 되었고, 그러한 자각을 바탕으로 자신의 잘못을 깨달아 아버지께 용서를 구하며 행동의 변화를 보였다. 황희가 화를 내거나 큰 소리를 치지 않고 단지 아들과 손님의 행동에서 찾은 유추관계를 바탕으로 아들을 손님 대하듯이 한 것뿐인데, 수신은 자신의 잘못을 스스로 깨닫고 뉘우치게 된 것이다. [그림 1-이에서 볼 수 있듯이 황희는 은유적 표현과 기다림으로 소통하였다. 잘못을 지적하는 직접적인 가르침이 아니라, 비유적인 표현을 사용하여 듣는 사람으로 하여금 공격적인 느낌을 완화시키고, 스스로 자신의 잘못을 깨닫도록 기다려 주어서 생각할 여지를 충분히 주는 소통을 하였던 것이다.

2) 역설법

그러나 황희는 때로는 역설법을 사용하여 상대방을 이중구속 상황에 놓이게 함으로써 자신이 유리한 방향으로 대화를 이끌어 가기도 하였다. 다음은 황희와 명나라 칙사와의 대화 장면이다. 공녀 차출 문제가 더뎌지자 명나라에서 온 황 칙사가 화를 냈다는 말을 들은 황희는 황 칙사를 찾아갔다.

"제가 전하의 명을 받고 황 칙사께 **문안드리러 왔습니다**(인사―관계형성, 차분함)."

황희가 부드럽게 말하였으나 칙사는 거들떠 보지도 않았다. 황희는 조금도 언짢은 기색 없이 말을 이어 나갔다.

"우리나라에는 이미 오래 전부터 **황 칙사께서 훌륭한 인품을 지닌 분이라는 소문이 나 있습니다.**(칭찬―차분함) 그런데 그런 **하찮은 일로 마음이 상하셨다면 우리의 잘못이 큽니다**(역설법)."

"**지금 뭐라고 했소?**"(반문 1)―속뜻을 알아들음(흥분, 화남).

황 칙사는 고개를 돌려 황희를 쏘아 보았다. 그러나 대국의 사신으로서 체면을 지키려는 듯 화를 누르며 점잖게 말하였다.

"**이 일이 어찌 하찮은 일이오?**(반문 2―화를 누름) 이는 사사로운 일이 아니라 우리 대국의 황제 폐하께서 내리신 명이오. 그런데 조선에서 보낸다는 처녀의 반도 채우지 못했으니 내가 어찌 화를 안 내겠소? 황제 폐하께 뭐라고 보고하란 말이오?"

그러자 황희는 여전히 부드럽고 잔잔한 목소리로 말하였다.

"**황 칙사의 고충을 우리가 왜 모르겠습니까?**(공감) 그러나 이게 다 **황제**

폐하를 위해서 그런 것이지요(반어법—차분함)."

"아니, **그게 무슨 소리요?** 약속을 지키지 못한 게 우리 대국의 황제 폐하를 위한 일이라구요? 우리 폐하의 명을 지키지 못한 것이 우리 폐하를 위한 일이다…… 알아가도 모를 일이오(반문 3—의구심)."

황희는 조금의 흐트러짐도 없이 다시 말하였다.

"본래 명나라로 보낼 처녀들은 **스스로 원해서 가겠다는 처녀들만 뽑아 보내기로 한 것이지요. 그게 대명 황제 폐하의 깊으신 뜻이었습니다**(사실). 그런데 만일 우리 조정에서 황 칙사의 비위를 맞추려고 **강제로 처녀들을 뽑아 보십시오**(소전제). 그러면 백성들이 우리 조정을 원망할 것이고, 명나라 **황제 폐하까지 원망**(결론)하지 않겠습니까?(연역법을 통한 역설의 논리) **그렇게 되면 어찌 되겠습니까?**(이중속박) 황 칙사께서도 그렇게 되길 원하시는 건 아닐 테지요? 그래도 조선의 처녀들을 억지로 데려가시겠습니까? **대명 황제 폐하를 욕먹이면서까지요?**(직면—예리함, 분석적)"

황희의 말에 황 칙사는 깜짝 놀랐다.

"공의 주장이 틀린 것은 아니오(공감). 허나 언제까지 자원하기만을 기다릴 수는 없는 일 아니오? 이것은 조선이 이 일에 신경을 쓰지 않았다는 말이오. 내가 귀국해서 그대로 보고하면 어떤 일이 벌어질지 공도 아실 것이오(협박, 주장—마음 가다듬음, 다소 누그러짐)."

"**마음이 넓고 너그러우신 황 칙사께서 이 일을 그대로 보고할 리가 있겠습니까?**(역설법) 저는 황 칙사께서 그렇게 옹졸하지 않다는 것을 믿습니다(칭찬). 우리 조선은 나라를 세운 지 얼마 되지 않습니다. 황 칙사께서는 이 점을 헤아려 **노여움을 푸시기 바랍니다**(주장—차분함)."

"나도 조선의 입장을 전혀 모르는 것은 아니오(공감—누그러짐)."

"저희들도 차근차근 처리하려고 생각하고 있습니다(공감—차분함)."

"그럼, 나는 황공만 믿고 돌아가겠소(신뢰—풀림)."(송재찬, 2006: 69-73)

앞의 대화에서 황희는 역설법(逆說法)의 대화기법을 사용하고 있다. 역설법은 수사법 중에 강조법에 해당한다. 역설법은 표면적으로는 보았을 때는 모순되는 것 같지만 그 이면에 진실을 드러내는 수사법으로 '소리 없는 아우성' '찬란한 슬픔의 봄' '우울한 행복' 등과 같은 표현이 이에 속한다. 앞뒤 진술이 논리적으로 모순되는 이른바 '모순 형용'이 역설법으로 전달하려는 내용을 오히려 강조하는 효과를 갖게 되는 것이다.

황희는 명나라의 까다롭고 오만방자한 칙사를 만나서도 상대방의 마음을 상하지 않게 하면서 현명하게 자신이 하고 싶은 말을 하고 결국 자기 의도대로 설득까지 하고 있다. 황희는 침착하고 차분한 자세로 예의바르게 문안 인사를 하며 명나라 칙사와의 대화를 시작한다. 첫 대화에서 인사말을 하는 것이 황희가 하고 싶었던 말은 아닐 것이나, 의례와 격식을 갖춘 인사를 앞세움으로써 명나라 칙사의 공격성을 누그러뜨리는 전략을 활용한 것이다. 이 같은 접근은 아마도 마음에 먹은 본래 의도를 너무 쉽게 드러내는 것을 꺼리고 직접적인 표현은 가급적 자제하면서 은근히 속을 드러내는 우리 문화의 특성에 기인한 것일 수도 있다. 과제지향성보다 관계지향성이 강한 한국인들은 문제 해결을 할 때에도 친분관계를 엮고 들어가는 경우가 잦은 편이다.

따라서 황희는 칙사와의 대화를 진전시키기 위해 칙사와 부드러운 관계를 맺을 요량으로 문안 인사를 먼저 시작한 것이다. 그리고는 칙사의 인품이 훌륭하다는 칭찬을 늘어놓는데, 인간은 보통 칭찬을 받으면 긴장이 풀어지고 의욕이 북돋아져 수행 기능이 향상된다는 심리적인 원리를 적용하고 있다. 게다가 잘한 일과 못한 일이 있을 때는 칭찬을 먼저 하여 잘못한 것을 받아들이기 쉬운 상태로 만들어 주는 것이 꾸중의 효과를 상승시킬 수 있는 방법인데, 이 글에서 황희는 잘못을 꾸짖어서 상대의 마음을 억누르는 대신 먼저 칭찬을 함으로써 마음을 진정시키고, 앞으로 전개될 대화에 칙사가 긍정적으로 참여할 수 있는 여건을 만들어 놓았다. 칭찬은 고래도 춤추게 한다는 말이 과언이 아니다.

[그림 1-10] 황희의 강조법(역설법) 소통의 이중속박

황희는 칙사의 인품에 대한 칭찬을 통해 감정을 잠시 누그러뜨린 후, 역설적인 방법으로 칙사의 행동에 대한 잘못을 숨기며 내비친다. 황희는 '그런 하찮은 일로 마음이 상하셨다면 우리의 잘못이 큽니다.'라는 역설적 표현을 하고 있는데 여기에서는 '그런 하찮은'과 '마음이 상하다'라는 앞뒤 진술이 논리적으로 모순된 이른바 '모순 형용'의 형태의 역설이 사용되고 있다. '하찮은 일'과 '마음 상함'은 표면적으로 봤을 때 모순된 표현이다. 하찮은 일이라면 마음 상할 리 없기 때문이다. 따라서 황희는 표현 이면에 '그만한 일로 삐치다니, 당신이 정녕 대국 명나라의 사신 맞소? 참 옹졸하오.'라는 숨겨진 의도를 역설법으로 전달함과 동시에 칙사를 이중속박의 상황

에 놓이게 만들려는 의도로 역설법을 사용했을 가능성이 크다. 하찮은 일로 마음 상했다고 말한다면, 칙사는 자신이 옹졸한 사람임을 인정하는 것이 되며, 자신이 옹졸한 사람이 아니라고 한다면 마음 상하지 않았어야 하기 때문이다. ①과 ② 둘 중에 어떤 것을 선택하더라도 칙사는 마음이 편할 수 없다. ①의 경우 자존심을 버리고 자신의 옹졸함을 인정하는 꼴이 될 것이며, ②의 경우 마음 상하지 않았어야 하는데, 실제로는 마음이 상했으므로 언어(마음 상하지 않았소)와 비언어(화냄, 기분 상함)가 일치되지 않는 이중 메시지를 스스로 자각할 수밖에 없게 되기 때문이다.

여기에서 황희가 하찮은 일로 마음 상한다는 표현을 사용한 것은 칙사가 명나라 대국의 대인으로 온 것을 고려할 때 우월한 심리를 가졌을 것이라는 점을 착안, 그 심리를 자극할 수 있는 적절한 표현이다. 하찮은 일로 마음 상하셨다면 '우리의 잘못이오'라는 말을 조건부의 형식으로 표현 한 것은 칙사가 ①의 하찮은 일로 마음 상했다는 것을 선택할 경우,(조건) '그만한 일로 화내다니, 너는 옹졸한 사람이구나!'라는 숨겨진 의도를 칙사가 간파하고 받을 기분 상함을 단지 달래고 위로하기 위한 하나의 전략일 뿐이다. 그러나 칙사가 기분 나쁜 듯 '뭐라고 했소?'라며 묻는 것으로 보아 칙사는 황희의 숨은 뜻을 파악하고 기분이 상했음을 확인할 수 있다. 그리고는 지금 자신이 화를 낸 상태이기 때문에 마음 상하지 않았다고 말할 수는 없고, 그렇다고 마음 상했다고 하면 자신의 옹졸함을 인정해 버리는 꼴이 되니 결국 이 이중속박을 벗어나기 위해 칙사는 '하찮은 일'이 아니라며 사건의 의미를 확대시킨다.

황희는 칙사의 말을 경청하고는 오히려 칙사 편에서 칙사의 고충을 왜 모르겠느냐며 얼마나 힘들겠느냐는 공감을 해 준다. 공감을 통해 칙사의 마음을 얻은 황희는 이제 한 단계 더 나아가 이번에는 '황제 폐하를 위한 일 이지요'라는 반어적인 표현으로 칙사의 궁금함을 유발시키며 대화를 이끌고 있다. 반어법(irony)은 표면적인 말의 뜻과 반대되는 뜻으로 진술하는 표현법이다. 표리부동한 행위나 어법으로 내용을 은폐하였다가 노출시킴으로써 의미를 강조하게 만드는 방법이다. 황희의 '황제 폐하를 위한 일이지요'라는 말은 사실 처녀들을 뽑아서 보내지 않는 이유가 황제 폐하를 위한 일은 아니므로 반어적 표현에 해당된다고 보아야 한다.

[그림1-11] 황희의 강조법(반어법) 소통의 전개

황희의 반어적 표현을 듣고 그 표현이 맞지 않다고 생각한 칙사는 의구심을 가지며 무슨 소리인지 모르겠다는 질문을 하고 있으며 황희는 반어적인 표현의 표면적 표현이 맞다는 것을 증명하기 위해 연역법에 따른 논리를 전개하기 시작한다.

황희는 논리 전개를 위해 '황제의 뜻은 스스로 원해서 가겠다는 처녀들만 뽑아 보내라'라는 사실 하나를 먼저 말하고 있는데, 앞의 사실에서 대전제 두 가지를 상정할 수 있다.

사실
황제의 뜻은 스스로 원해서 가겠다는 처녀들만 뽑아 보내라.

	↓			↑	
대전제 1	'강제로 뽑는 것은 황제의 뜻이 아니다.'		대전제 2	'강제로 뽑으면 황제가 욕을 먹는다.'	
소전제	황 칙사가 강제로 뽑는다.		소전제	황 칙사가 강제로 뽑는다.	
결론	황 칙사는 황제의 뜻을 따르지 않는다.		결론	황 칙사는 황제가 욕을 먹게 한다.	

[그림 1-12] 황희의 강조법(반어법) 소통의 논리적 전개 구조

사실에서 상정한 두 가지의 대전제를 연역적으로 전개하여 보면 그것이 어떤 것일지라도 결국 칙사가 황제의 뜻을 따르게 되지 않거나 황제를 욕 먹게 하거나 하는 것과 같은 불편한 결론에 이르게 된다. 황 칙사가 어떤 것을 선택하더라도 똑같은 결론에 이르게 됨을 아는 황희는 상대로부터 공격을 받을 만한 약점이 전혀 없으니 오히려 자신감이 생길 수밖에 없고, '대명 황제 폐하를 욕 먹이면서까지요?'라며 오히려 칙사를 직면시키며 선택권을 주는 여유로운 모습까지 보이고 있다.

직면은 모순되거나 일관성이 결여된 언어와 행동을 드러내 노출시키는 대화기술로, 황희는 황제를 욕 먹이려는 칙사의 마음을 자신이 논리적으로 증명하여 드러내기라도 한 듯 오히려 선수를 치며 말하고 있다. 직면은 상당히 위협적인 기술이지만, 황희는 칙사를 새로운 통찰로 이끌어 상호간의 바람직한 결과를 가져오게 하기 위하여 직면을 활용한 것이다. 또 직면은 상대방이 깨닫지 못한 바를 논리적으로 말해 주는 것이기 때문에 직면을 하는 그 순간에는 상대방이 저항과 자기방어를 하지 않은 채 그저 순순히 듣게만 하는 효과가 있다. 여기에서도 칙사는 깜짝 놀라면서 황희의 주장이 틀린 것이 아님을 인정하며 황희의 논리를 수긍하고 순순히 듣고 있다. 칙사는 이제 황희가 반어적 표현의 표면적 의도(황제를 위해)를 증명한 상태에서, [그림 1-13]과 같은 두 번째 이중속박 상황에 다시 놓일 수밖에 없게 된다.

[그림 1-13] 황희의 강조법(반어법) 소통의 이중속박

왜냐하면 황희가 증명한 반어적 표현(황제폐하를 위한 일) 자체가 사실이 아니기 때문이다. 이에 칙사는 첫 번째 이중속박 상황에 놓였을 때 반문과 억지로 '하찮은 일'이 아님을 주장했듯이 두 번째 이중속박 상황에서는 협박과 주장을 통해 자신의 의견을 전달하고 있다. 그러나 감정적으로는 많이 가라앉고 누그러졌다. 칙사가 자신의 논리를 인정하고, 감정도 다소 가라앉은 모습을 보이고 있지만 계속해서 협박을 통한 주장을 펼치자, 황희는 두 번째 역설법을 시도하게 된다. 두 번째 역설은 칭찬과 더불어 하는 역설로 반쯤 누그러진 칙사의 마음을 결정적으로 돌리기 위한 황희의 시도였다. '마음이 넓고 너그러우신 황 칙사께서 이 일을 그대로 보고할 리가 있겠습니까?'라는 역설적 표현을 보자.

[그림 1-14] 황희의 강조법(역설법) 소통의 전개

마음이 넓고 너그럽다는 것은 칭찬이며, 그것을 인정하려면 그 일을 그대로 보고하지 않아야 한다. 만약 그 일을 그대로 보고한다면 마음이 너그럽지 않다는 말이다. 그러나 마음이 너그러워도 그것을 보고하면 그만인데, 왜 마음이 너그럽다는 것을 인정한 순간 그대로 보고 하지 않게 되는지에 대한 설명이 필요하다.

인간은 누구나 심리적 자존감을 가지고 있다. 자신을 좀 더 가치 있고 훌륭한 존재로 여기고 싶어 한다는 것이다. 황희는 황 칙사에게 마음이 너그럽고 넓다는 칭찬을 하였고 황 칙사로 하여금 자신을 훌륭한 사람으로 여기도록 만들었다. 황 칙사가 만약 그러한 심리적 자존감을 위해 자신이 마음이 넓고 너그러운 사람이라고 받아들이기 시작했다면 황 칙사는 자신이 받아들인 그 가치가 증명되도록 행동할 확률이 높아질 것이다. 우리 인간에게는 일관성의 욕구가 있는데 이는 우리가 지금까지 행동해 온 것과 일관되게 혹은 일관되게 보이도록 행동하려 하는, 거의 자동적인 욕구를 말한다.

일단 우리가 어떤 선택을 하거나 입장을 취하게 되면, 우리는 그러한 선택이나 입장과 일치되게 행동해야 한다는 심리적 부담감을 느끼고 일관되게 행동하려는 강한 경향을 갖는다. 여우와 신 포도 이야기가 보여 주듯, 포도를 따지 못해 먹지 못했지만, 스스로의 자존감을 선택한 여우는 일관성의 법칙에 따라 포도가 시어서 맛이 없을 것이라고 규정짓는다. 시어서 맛이 없는 포도라고 하면 자신이 포도를 따지 못한 것은 크게 문제될 것이 없는 사소한 일이 돼 버리기 때문이다. A와 B 두 개의 옷이 있다. A를 샀지만, 나중에 B가 더 예뻐 보인다. 그러나 A를 산 자신의 선택과 자존감을 위해서 애써 B는 자신에게 그다지 어울리지 않았을 것이라고 생각한다. 이것이 바로 일관성의 법칙이다. 자신의 행동의 방향이 결정되면 우리는 그 방향대로 생각과 감정을 조정해 나가는 것이다.

황희가 주었던 부담감은 칙사로 하여금 자기 선택과 입장을 정당화하는 방향으로 행동하게 만들었던 것이다. 황희는 칙사가 일관성에 따라 행동할 것을 예측하며 먼저 칙사를 칭찬하고 칙사의 체면과 품위를 높이는 언사를 사용함으로써 칙사로 하여금 '다르게 말할 수 없는' 심리적 부담감을 느끼게 하는 전략을 교묘하게 사용한 것이다. 황희는 이중속박 상황에서 황 칙사가 ①을 선택하도록 하기 위해 '저는 황 칙사께서 그렇게 옹졸하지 않다는 것을 믿습니다.'라며 신뢰가 담긴 칭찬을 또 한 번 하고, 그러고 나서야 자기주장을 하였다. 한국의 문화는 대화 분위기가 충분히 성숙한 다음에 슬며시 내놓는 우회표현, 간접표현에 익숙하다고 하였다. 황희는 역설, 반어의 논리전개로 소통하면서도 공감이나 칭찬과 같은 대화 기법들을 함께 활용하여 대화분위기를 형성해 나갔고, 상대방이 자신을 신뢰하고 대화의 주도권이 자신에게 넘어오기까지 대화에 뜸을 들이다가 마지막에 상대방이 마음을 열었다고 생각한 순간 '우리 조선은 나라를 세운 지 얼마 되지 않으니 황 칙사께서는 이 점을 헤아려 노여움을 풀어 달라'는 주장을 내세우고 있다. 황희가 이 주장을 칙사를 만나자마자 했더라면, 아마도 대화는 협상 결렬(決裂)로 끝났을 것이다. 결과는 어땠는가? 칙사는 오히려 조선의 입장을 자신도 알고 있다는 공감을 해 주었으며, 황희는 칙사의 허점이 보이는 그 순간 재빠르고 신속하게 '공감'이라는 상대방의 소통방식에 조율하여 똑같이 '공감'의 소통방식을 보여 주며 대화를 마무리하고 있다.

황 칙사는 황희를 신뢰하게 되었고, 오히려 당부를 하며 마음이 풀린 상태로 대화는 끝난다. 황희는 칙사와의 대화에서 논리의 모순을 이용한 역설법으로 상대방을 이중속박에 봉착하게 하여 그 뜻을 포기하게 만들었고, 논리적인 전개(연역법)의 형태로 다시 이중속박에 봉착하게 하였으며, 칭찬과 공감으로 마음을 돌리게 하였다. 황희의 역설적 소통은 칙사의 반복되는 질문과 그에 대한 황희의 역설, 그리고 반어에 의한 논리 전개, 공감과 경청 등과 같은 대답으로 황 칙사로 하여금 생각의 변화를 가져오게 하였다는 점에서 반복된 질문을 통한 깨달음 얻게 하는 선문답과도 유사하다.

선문답에서도 말과 글을 통해 상대방의 마음을 얻는 방법으로 한 가지 사태의 의미를 보다 잘 알려진 다른 사태를 가지고 설명하는 비유법을 사용하는데, 황희가 사용한 역설법에 의한 모순, 반복적인 역설 등이 그와 유사하다고 보이기 때문이다. 선문답이 헤아리고 따지는 과정에서 깨달음에 한 걸음 앞서 있는 선지식과 깨달음을 얻으려는 수행자 사이에서 이루어지는 문답으로 이루어진다면, 앞의 대화에서 황희가 칙사의 생각을 깨우쳐 생각을 바꾸게 한 입장에서 한 수 위라고 볼 수 있으니 황희는 이끄는 선문답이며, 황 칙사는 따라가는 수행자라고 볼 수 있다.

게다가 선문답에서 수행자에게 도움을 주기 위해 수행자의 근기와 역량에 맞는 답을 제공하여 주듯이 황희는 명나라 칙사들이 거만함과 우월감, 감언이설의 칭찬을 좋아한다는 상대방의 심리와 성향을 파악하고 그 수준에 맞게 적절한 소통법을 구사하고 있다. 의사소통을 통하여 이루어지는 우리의 대인관계 속에는 보이지 않지만, 소통에 참여하는 사람들의 성격이나 배경, 사회적 위치에 따른 서열의식이 존재하기 마련이다. 특히 우월감이 높고 자기 고집 및 자기 말이 최고라고 생각하는 사람을 대할 때라면 약점을 건드리기보다는 적절히 호응해 주며 체면을 살려주는 소통을 하다가 논리적 허점이 드러날 때 조금씩 파고드는 것이 효과적일 것이다. 황희는 명나라 사신이 신분상 자신보다 우위에 있다는 점에서, 그리고 체면과 격식을 매우 중요하게 여기는 우월감을 가지고 있다는 점 등을 종합한 결과 이렇게 역설법을 통한 우회적이고 순화된 공격방법, 반어에 의한 논리적인 연역적 접근, 칭찬과 공감이라는 소통 방법을 선택한 것이다.

대화에 참여한 황희와 칙사의 감정의 흐름을 살펴보는 것도 재미있다. 황희는 칙사의 흥분과 감정에 동요됨 없이 항상 온화하고 흐트러짐이 없는 평정심을 가진 상태로 일관하고 있는 반면, 칙사는 처음에는 매우 흥분하고 화가 난 상태로 대화에 참여하다가 나중에 침착성을 찾아가는 식으로 감정의 변화가 심한 편이다.

논쟁의 자리에서는 절대로 냉정을 잃지 말고 자신의 페이스를 지켜야 한다. 논쟁을 하다보면 자기도 모르게 침착함을 잃고 감정에 동요되어 흥분하는 경우가 생길 수 있는데, 그렇더라도 상대방보다는 냉정해져야겠다는 다짐을 하는 것이 중요하다. 논쟁에서는 감정적이지 않고 차분하고 신중하게 임할수록 이길 확률이 높은 까닭이다. 황희는 자신의 감정을 다스리며 차분한 자세로 평정심의 소통을 하였고, 칙사는 황희의 설득에 마음을 풀었으며 더 나아가 황희를 신뢰하기까지 하였으니 성공적인 소통을 한 것이다.

황희의 역설적 소통은 공감적 주장의 소통과도 같다. 우리가 흔히 말하는 '주장적'(主張的)이라는 말은 맥락에 따라 두 가지의 의미로 사용할 수 있다. 첫째는 상대의 입장은 고려하지 않고 자신의 생각만 강요하는 이기적인 경우, 둘째는 상대방의 의견을 경청하고 존중하면서도 자신의 생각을 논리적으로 펼치는 경우다. 후자의 긍정적인 주장성은 경청과 공감이 기반이 된 주장이라고 표현할 수 있다. 황희는 자기를 내세우되 황 칙사의 마음에도 공감하여 주며 그의 인격과 권리를 동시에 존중해 주는 방식으로 소통하였으므로 이기적 행동이 아닌 경청과 공감적 주장을 하고 있다.

이와 관련하여 황희의 역설적 이중속박은 상대방으로 하여금 기분 나쁘게 하지 않았다는 사실에 주목해야 한다. 사실 이중속박은 병리적 소통이다. 때때로 부모-자녀 관계에서도 자녀에게 지속적인 이중구속 상황을 줄 경우 자녀를 더욱더 갈등과 불안에 빠지게 만든다. 그런데 앞의 소통에서는 누구에게도 불이익은 생기지 않았다. 황희는 적으로도 생각할 수 있는 명나라 칙사를 건전한 방식으로 설득함으로써 오히려 자신을 신뢰하게 하는 소통, 다시 말하면 적을 자기편으로 끌어들이는 소통을 하고 있다. 아마도 거기에는 황희의 경청과 공감적 주장 그리고 상대방을 인격적으로 존중하는 마음이 시종일관 작용했을 것이다. 인격적으로 성숙한 사람이라면 자신과 갈등관계에 있는 상대방일지라도 적으로 간주하여 배척하거나 공격하는 방식이 아니라, 서로 아웅다웅하는 과정이 있더라도 함께 의견을 나누고 좋은 합의점을 모색하도록 포용하는 큰 의미의 건강한 소통을 해 나갈 것이다. 그리고 결국에는 어느 한 쪽이 패배하는 것이 아니라 서로가 승리감을 맛볼 수 있는 방법을 찾을 것이다.

명나라 사신의 고집과 우월감에 대하여 적절하게 꼬집고, 약간 비꼬는 숨은 뜻도 있었지만, 칭찬과 공감을 적절하게 활용해서 결과적으로 칙사가 기분 나쁘지 않게 자신의 의도대로 따라오게까지 하였다는 점을 살펴볼 때, 황희의 소통은 갈등관계에 있는 사람과도 하나 되는 성숙한 소통이며, 너도 좋고 나도 좋은 'Win-Win'의 건강한 소통임을 다시 한 번 확인할 수 있다.

지금까지 논의한 황희의 역설법의 소통을 표로 정리하면 [그림 1-15]와 같다.

	단계	특징	역설적 소통의 순서	칙사의 마음	황희의 마음	
가르침의 소통	4단계	칭찬 공감 으로 화해	신뢰 ↑ 공감 ↑ 공감	풀림 누그러짐		
			↑ 칭찬, 역설법 2 확신, 주장	마음 가다듬음 약간 누그러짐		
공감적 주장의 소통	3단계	논리적 으로 표현	↑ 수긍, 협박 통한 주장	마음 가다듬음 약간 누그러짐	차분함 신중함	↑ 평정심의 소통 ↓
			↑ 반어법의 논리적 전개, 직면 ↑ 반문 3	의구심 약간 누그러짐		
			↑ 공감, 반어법	화를 누름		
	2단계	강조적 표현	반문 2, 설명 ↑ 반문 1 ↑ 역설법 1	흥분, 화남		
	1단계	관계 형성	↑ 칭찬 ↑ 인사	흥분, 화남		

[그림 1-15] 황희의 강조적(역설적) 소통의 의미

4. 시서 소통

　황희는 문학에도 남다른 소질이 있어 때로는 편지나 시(詩)와 같은 언어적 방법으로 소통하였다. 시서(詩書)란 시와 글을 말하는 것으로 문학의 표현 양식 중 하나다. 시(詩)는 자신의 생각과 느낌을 리듬감이 있는 운율의 느낌으로 표현하는 것이며, 서(書)는 줄글의 산문 형태로 표현하는 것을 말한다. 여기에서 시서(詩書) 소통은 시와 편지, 또는 글의 형식을 취하는 소통 형식으로 보려고 한다. 시서 소통은 현재성과 상대방과의 대면성은 떨어지는 반면, 상대방에게 전달되기까지 시간적 여유가 있고 전달하고자 하는 내용이 글로 표현되어 있다는 점에서 자신의 생각을 간접적이고 우회적으로 전달할 수 있다는 장점이 있다. 이러한 시각에서 황희의 시와 편지 속에 담긴 소통 내용을 분석해 보자.

1) 편 지

　일찍이 『법화경(法華經)』을 구하려고 조선에 와 있었던 소우 사다시게의 사인이 돌아갈 때 황희는 타이르는 글을 다음과 같이 보냈다.

<표 1-3> 황희의 시서(詩書) 소통(편지)의 형식

단계		상대의 심리	내용
도입	호의(好意)	심리적 부담감의 증가	'족하(足下)가 말한 『법화경』 판본은 우리나라에서 아주 귀한 책이다. 그러나 족하의 부탁이 워낙 간절하므로 한 질을 구해 보낸다. 또 평대경(平大卿) 도전(道全)에게도 이런 내용을 편지로 알려 주고 아울러 쌀 몇 섬과 토산품 몇 가지를 보내니 잘 받기 바란다.
	교호(交好) 관계와 그 결과		족하가 성심껏 우리나라와 사이좋게 지내려 하니 귀국 여러 진(鎭)에 있는 사인의 왕래가 끊이지 않는다. 대내전(大內殿)의 사인이 왔을 때 우리 전하께서 아주 후히 대우하고 또 답례까지도 특별히 했다.
본론	하고 싶은 말 1=잘못 언급	반성	**그런데 뜻밖에도 그 사인들이 돌아가는 길에 김해부에 이르러 이유 없이 화를 내며 감사와 그곳 관리에게 욕을 하면서 심지어 칼을 뽑아 들었다니 이는 참으로 무례한 짓이었다.**
결론	선처(善處) 이유	감사	그러나 교호(交好)하는 뜻을 해칠까 염려해 참고 그냥 돌려 보내니.
	하고 싶은 말2 =요구(要求)	수용	족하는 대내전에게 전달하여 이 무리들을 엄중히 다스리도록 강구하고 다음에는 이런 일이 없도록 경계해야 한다(지시). 지금부터는 우리 국왕 전하께서 몇 곳 사인 이외에 다른 곳 사인들은 받아들이지 않기로 작정하고 있다는 것을 아울러 명심해야 할 것이다.(협박)'(태종 14년 09월 16일)(황대연, 2010, 59~60)

황희는 소우 사다시게에게 사인들의 무례한 행동에 대해서 타이르는 편지를 보내고 있는데, 이 글을 자세히 살펴보면 사실 '이렇게 하지 않으면 안 될 것이다.'라는 메시지로 협박, 지시하고 있는 것임에도 불구하고 우회적으로 그리고 상대방으로 하여금 협조적으로 응할 수밖에 없는 상황을 만들어 전하고 있다. 황희가 편지를 통해 자신의 생각을 전하는 것은 대면상

황에서 언어로 직접 말할 때의 직면과 유사한 위험 가능성, 즉 자칫 상대방을 기분 나쁘게 또는 방어적인 자세로 만들어 더 이상의 행동변화나 대화의 진전이 없도록 만들 수 있는 위험 가능성을 염두에 두었기 때문이다. 직면(直面)은 상대방이 모르거나 알아도 인정하지 않으려는 생각이나 감정에 대해서 집중하도록 하는 것으로 주로 직접적인 언어적 표현으로 이루어지기 때문에 상대방에게 심리적인 위협이나 거부감을 줄 수 있다. 그러나 황희는 감정을 간접적으로 전달할 수 있는 편지소통을 할 때에도 직접적으로 잘못을 언급하는 본론을 먼저 제시하는 것이 아니라, '도입-본론-결론'의 흐름을 통해 상대방이 받을 수 있는 불쾌한 감정은 누그러뜨리고 황희의 요구를 스스로 받아들이기 쉬운 심리적인 상태를 만든 후, 자신이 진짜 하고 싶은 본론을 자연스럽게 전달하는 형식으로 내용을 전개하고 있다.

첫 도입에는 호의(好意)와 교호(交好)관계를 확인하는 내용이 나타나 있는데, 구하기 어려운 법화경 판본을 구해 보내고, 쌀 몇 섬과 토산품까지 보낸다는 조선이 그들에게 베풀어 준 호의적인 일들을 열거하는 말로 시작한다. 그리고 호의(好意)단계와 일맥상통하는 조선과 일본의 교호(交好)관계에 대해서 언급하면서 교호(交好)관계로 인해 그들을 후하게 대접한 조선의 또 다른 호의(好意)를 말한다. 편지를 읽을 상대방은 도입부를 접하면서 자신이 호의를 받았고, 상대방과 교호관계를 유지하려고 하는 입장에 있음을 스스로 상기시킬 가능성이 커질 것이다.

황희가 이러한 도입 이후에 문제를 지적하는 본론을 말하고 있다는 것은 바로 황희가 상대방으로 하여금 스스로 자신이 베풂을 받았고 서로 좋은 관계를 유지해야 함을 상기하여 앞으로 전개될 대화내용에 큰 거부감 없이 임하려는 심리상태로 만들고자 함이다. 본론을 위한 일종의 준비단계인 셈이다. 이는 상호성의 법칙으로 설명할 수 있다. 쉽게 말해 우리가 누군가에게 베풂을 받았고 빚을 지고 있는 상태가 되었다면 반드시 그것에 준하는 갚음을 되돌려 주어야 마음이 편해지고 사회적으로도 오명을 남기지 않을 수 있다는 말이다. 매일 받기만 하고 전혀 베풀거나 되돌려 주지 않는 사람이 있다면, 일반적으로 그러한 사람들을 우리는 싫어할 것이다. 따라서 이 상호성의 법칙은 나의 요청을 상대방이 쉽게 수용하도록 하기 위한 도구로 사용될 가능성이 농후하다. 예컨대, 누군가가 나에게 물질적인 지지와 정신적인 격려를 계속 베풀어 주었다고 해 보자. 힘들면 커피도 사 주고, 배고프면 빵도 사 주고, 힘내라고 공감해 주며 격려의 메시지까지 자주 주었다고 해 보자. 이러한 상황에서 상대방이 어쩌다가 난처한 일을 겪게 되었다. 그리고 나에게 어떤 부탁을 하였다면 나는 이를 쉽게 거절할 수 없으며 순순히 들어 줄 가능성이 커지게 될 것이다. 나는 상대로부터 빚진 것이 많고 계속 받기만 했으므로 이걸 '갚아야 하는데, 갚아야 하는데.' 하며 심리적 부담감이 크게 높아져 있을 것이기 때문에 이를 해소할 기회가 왔을 때 나의 심리적 편안함을 위해서 흔쾌히 '오케이'를 할 수밖에 없다는 말이다. 심지어 나와 상대방의 관계가 빚진 상태가 아닐 때는 도저히 수용 불가능해 보이는 요구조차 이 상태에서는 순순히 받아들일 수 있다는 점이 놀랍지 않은가.

이유가 무엇이 되었든 간에 일단 상대방의 호의를 받아들이기로 결정하였다면 그 순간, 우리는 상호성 법칙의 영향력 아래에 놓이게 되는 것이다.

조선의 호의를 받은 사다시게의 경우는 이미 상호성의 법칙에 놓여 있다. 편지의 서론에서 황희가 소우 사다시게에게 호의나 호의관계를 언급한 것은 이러한 상호성의 법칙을 상기시킴으로써 소우 사다시게의 심리적 부담을 증가시키려는 의도인 것이다. 소우 사다시게는 이 증가된 심리적 부담감을 줄이기 위해 상대방의 요구를 들어 주거나 베풀려고 할 것이며 자연스럽게 편지 본론에 '잘못'을 지적하는 말을 저항감 없이 수용하게 될 뿐 아니라 편지의 후반부에 제시되고 있는 황희의 요구들도 들어 줄 가능성이 커질 것이다. 편지의 서론에서 '상대방이 큰 거부감 없이 수용할 수 있는 심리상태'란 바로 상호성의 법칙에 의해 '심리적 부담감이 증가된 상태'를 말하는 것과 같다.

이제 상호성의 법칙에 의해 편지의 나머지 본론과 결론을 살펴보면, 본론은 상대방의 허물과 잘못을 지적해 주고 그것에 대한 평가지 덧붙이는 직설적인 표현이라고 볼 수 있으므로 상대방 입장에서는 불쾌하거나 화남 등의 감정을 불러일으킬 소지가 크다. 그러나 앞서 편지 도입에서 수용 가능한 심리상태로 바꾸는 과정이 있었기에 소우 사다시게는 자신의 감정을 누그러뜨리고 오히려 호의(好意)와 교호(交好)관계라는 기준에 비추어서 자신의 행동을 반성하게 될 확률이 클 것이다.

마지막 결론에 이르러서 황희는 또 다시 교호의 이유를 들어 선처(善處)를 베풀겠다는 선심(善心)의 의도를 내비치니 상대방은 불쾌함이나 화를 내기는 커녕, 넓은 아량과 감사함으로 상호성의 이름 아래 보답을 해 줘야 하는 상황이 자연스럽게 연출될 수밖에 없다. 이런 상황에서 황희의 부탁과 요구는 오히려 사다시게의 증가된 심리적 부담감을 줄여줄 것이므로 황희는 결론에서 '지시'와 '협박'이라는 다소 무리해 보이는 소통방식으로 자신의 요구를 당당하게 요청하고 있다.

같은 문제 상황도 상대방의 구미가 당길 수 있도록 바꾸어야 문제를 해결할 수 있는데, 이것을 잘 하려면 무엇보다 상대방의 욕구, 관심, 흥미, 성격 등에 대해 소상히 잘 알고 있어야 한다. 상대방의 교묘한 심리를 이용한 황희의 편지를 통한 문학 소통은 자신이 유리한 쪽으로 사람의 심리를 이용하여 설득을 하려는 목적을 가지고 있다는 점에서 아무 조건 없는 인격적인 만남이라고는 할 수 없지만, 이 역시 배은망덕(背恩忘德)한 일본 소우 사다시게의 마음을 움직이는 가장 좋은 방법이 바로 상호성의 법칙에 의한 것이라 보고 소통에 적용한 것이기 때문에 상대방의 수준과 역량에 따른 차별화된 소통법의 일면이라고 할 것이다.

2) 시 상

황희는 시상(詩想)을 통한 문학적 소통을 하기도 하였다. 시상은 시적체험을 통하여 얻어지는 것인데, 시적 체험이란 한마디로, 시를 쓸 수 있는 생각과 느낌을 얻는 체험을 말한다. 오철수는 시란 '현실이 나에게 불러일으킨 구체적인 감정세계를 압축적으로 표현하는 것'이라 하였다. 여기에서 말하는 시적체험이란 바로 나와 인상적인 어떤 것과의 만남에서 시작되는 것으로 현실에서 인상적인 대상과 내가 만나서 시를 쓸 만한 여러 가지 생각을 하게 되는 것을 말한다. 따라서 나와의 만남에서 특별한 그 무엇을 불러일으키지 않는 대상들과의 만남은 그냥 지나치게 된다. 그러나 여러 가지 대상과의 만남에서 어떤 것들은 나에게 강한 인상과 특별한 느낌을 주는데, 우리는 왜 그토록 그것이 나에게 강렬한 느낌과 인상을 주는가와 관련하여 자신과 자신의 삶을 다시금 되돌아보며 깊은 성찰을 할 수 있게 된다. '저것이 왜 나에게 이토록 강한 인상과 느낌을 남기는 것이지?' 하는 의문에서 출발한 고민과 삶을 되돌아봄이 바로 시적체험이다. 그러므로 시적

체험은 일상에서 다시금 삶의 문제를 느껴보고 되돌아보는 체험이라고 해도 좋다. 시적체험은 나와 다른 대상과의 만남이고 그 만남에서 공통적인 어떤 속성에 의해서 나에게 불러일으켜진 감정을 얻는 것이므로, 그 만남은 공감에 기반을 둔 만남이라고 볼 수 있다. 내가 그 대상에 집중하고 거기에서 울리는 소리와 느낌에 공감하였기에 그 대상으로부터 어떤 감정을 유추하고 그 감정을 시로 표현할 수 있기 때문이다. 게다가 공감은 사람 이외의 것을 대상으로 삼을 수도 있는데, 그 대상은 나무나 시냇물과 같은 자연, 그리고 '자기', 상상 속의 장면 등 어떤 것이든 가능하다.

황희가 자신의 삶의 과정에서 남긴 시(詩)들은 바로 황희가 현실 속에서 강한 인상을 받았던 만남들과 공감하며 드러낸 감정의 세계이며 동시에 만남과 자신의 삶을 어떻게 연결 지으며 생각하고 소통했는지 엿볼 수 있는 함축적인 표현이다. 감정세계는 나의 삶 속에서 내 마음에 공감하는 무엇인가를 불러일으키는 대상과의 체험 속에서만 생기는 것이므로 나와 대상은 감정세계에서 가장 중요한 요소다. 황희는 자신이 만나는 모든 대상과 시적체험을 하며, 그 대상들에게서 얻은 인상적인 면들을 통해 자신의 삶에 대해 생각해 보고 그 과정에서 일어난 감정세계를 자신만의 시상(詩想)에 담아 소통하였다. 황희의 시적체험은 '나와 자연', '나와 나', '나와 감정', '나와 소망', '나와 너' 등의 다양한 형태로 이뤄졌다.

(1) 나와 '자연'

사위 서달의 살인사건 은폐 및 뇌물 수수 사건 이후, 벼슬에서 물러난 황희는 임진강에 반구정(伴鷗亭)이라는 정자를 짓고 자연과 벗하면서 한가롭고 여유로운 나날을 보내며 임진강에서 시를 남겼다.

> 훌륭한 사람이 높은 대를 쌓았는데
> 깨끗한 자취 세속 티끌 끊어 버렸네 = (생에 대한 새로운 이해)
> 산은 자취를 감추려 안개를 뿜어내고
> 갈매기는 마음을 아는 듯이 날개를 씻고 오누나.

> 물소리 속에 고상한 모습 알 수 있고
> 뜬구름 그림자에 늙은 햇빛도 볼 만하여라
> **세상에 묶인 나로서 무엇을 깨달았는지**= (생에 대한 새로운 이해)
> **조용한 기회 얻으면 함께 머무르고파** = (생각, 감정)

> 먼저 백구(흰 갈매기)를 찾아 이 대를 만든 것은
> **한가로운 내 생각 세상과 먼 까닭이었네** = (생각)
> 창 밖에 걸린 폭포 구름 속으로 내려지고
> 뜰 앞에 떨어진 꽃에 새가 날아드누나
> 해질 무렵 돌아가는 중은 바윗길로 들어가고
> 물가에 자던 해오라기는 빗속으로 돌아오는구나

(장수황씨대전연지회, 1994)

좌의정의 직책에서 물러난 황희는 파주로 내려가 임진강가 반구정(伴鷗亭)에서 모든 것을 내려놓고 자연과 갈매기를 벗하며 한가롭게 지냈다. 칠십 평생 정치계에서의 바쁘고 힘들었던 생활에서 벗어나 굴레 벗은 말처럼 한

가로운 몸이 되었으니 어쩌면 이런 여유롭고 한가로운 시조가 지어지는 것은 당연할지도 모른다. 황희는 임진강 주변을 사색하다가 임진강 주위로 펼쳐진 풍경과 자연을 만났다. 산, 갈매기, 물소리, 뜬구름…… 이러한 자연과 만났을 때 황희는 비로소 자신이 세상에 묶여 있는 동안 깨닫지 못했던 자연의 아름다움과 여유로움을 깨닫고 함께 머물고 싶다는 감정세계를 얻게 된다. 또한 자연과는 대조적으로 살아 온 자신의 삶을 세속과 끊어진 지금에야 되돌아보며 자신은 세속에서 무엇을 깨달았는가 하는 고민과 반성의 마음도 드러내고 있다. 황희의 시상(詩想)은 풍경과 자연과의 만남에서 생긴 구체적인 생각과 느낌이 표현된, 현실 속에 펼쳐진 자연과 그것이 자신에게 환기시켜 주는 것에 의해 생에 대한 새로운 이해와 공감이 생겨 쓴 시인 것이다.

자연과의 만남에서 인상적인 면을 자신의 삶에 대한 새로운 이해로 넓히고 감성으로 표현한 내용은 다음의 시에서도 나타난다. 황희는 대추나무를 매우 좋아하는 것을 알게 된 마을 사람들은 대추나무 옆에 조그만 정자를 지어 주고 황희가 쉴 수 있게 하였는데, 황희는 언제나 미복(微服)으로 죽장을 짚고 나와서는 이 대추나무 정자에 앉아 시조를 읊기도 하고 책을 읽기도 하였다.

강호에 봄이 오니 이 몸이 이리하다
나는 그물 깁고 아이는 밭을 가니
뒷뫼에 엄나라는 약은 **언제 캐려 하느니**

(새로운 생명이 약동하는 봄철이 닥치고 보니 나도 할 일이 많구나. 나는 고기잡이를 하려
고 찢어진 그물을 깁고 아이는 밭을 가느라 저마다 제 할 일이 바쁘다. 그런데 뒷산에 싹

이 잘 자란 약초는 언제 캘 것인가, 참 바쁘기도 하여라.)

(역사인물편찬위원회, 2010: 144)

모든 것이 새롭게 시작되는 봄철의 약동하는 자연과 만나면서 황희는 자연의 바쁘고 도약하는 모습을 자신의 생에 대한 이해로 연결하여 자신도 할 일이 많고 참 바쁘다는 시적체험을 하였고, 현재의 이 바쁜 상황을 어떻게 헤쳐 나갈 것인가, 좀 더 부지런해져야겠다는 생각과 느낌을 시상(詩想)으로 표현해 내고 있다.

다음은 황희가 강원도 관찰사로 있으면서 한가하게 농촌 생활을 즐기고, 어느 날 강원도로 유람을 나가 경포대(鏡浦臺)에 이르러서는 읊은 한시다.

燈燈鏡浦涵新月 맑고 맑은 경포대는 새달빛에 잠겨 있고
落落寒松鎖碧煙 높고 높은 푸른솔은 연기가 잔뜩 끼여 있네
雲錦滿池臺滿竹 구름 비단 가득한 못에 대나무 우거졌으니
塵寰海中仙 **티끌 세상에도 바다의 신선이 있구나** = (생에 대한 새로운 이해)

(황영선, 1998: 122)

(경포대 맑은 바다 속에는 달빛이 비추어 물속에 잠긴 듯 아름답고, 높고 울창한 소나무 가지에는 저녁연기가 서려 있나. 비단 구름이 땅에 가득 찬 경포대에는 대나무가 가득 자랐으니 그 속에 노닐고 있는 나는 바로 바다 속의 신선이로구나.)

(역사인물편찬위원회, 2010: 145)

이 시에서도 황희는 자연과 만나면서 넘쳐 오르는 감흥을 표현하였는데, '티끌 세상에도 바다의 신선이 있다'는 표현을 통해서 알 수 있듯이 황희는 여유와 아름다움이 넘치는 자연과의 만남에서 받은 감정세계를 정치에 몸담아 나랏일에 바쁜 자신의 삶을 돌아보는 것으로 확장시켜 자연 안에 있는 지금 이 순간 자신이 신선과 같다는 생각을 하고 있다. 지금 이 순간 자연 속에 머무르면서 자신의 바쁘고 힘든 상황은 잠시 잊은 채 자연과 하나 되어 자신이 자연인 양 여유롭고 한가로운 마음을 가지게 된 것이다.

황희가 순간에 집중하고 머무르면서 자신의 혼란스럽고 복잡한 마음을 다스린 것은 '마음 챙김'이다. '마음 챙김'은 깊고 평온한 마음을 가진 채 자신의 생각이나 감정에 집중하며 그것과 거리를 두고 자신을 관찰하는 것을 말하는데, 이러한 마음 챙김은 우리가 느끼는 생각이나 감정에 대한 우리의 기존의 태도나 방식과 매우 다르다는 점에서 의미가 있다. 어떤 상황에서 내가 느끼는 감정이나 생각에 나 자신을 몰입하고 내 주관적인 판단을 개입하여 그 안에서 빠져있는 것이 아니라, 그저 매 순간순간 마음 안에 담긴 감정과 생각에만 집중하여 지속적으로 내 의식이 변화된다는 것을 인식하게 되는 것이기 때문이다. 황희의 시적체험은 지나간 과거나 오지 않은 미래에 마음을 집중하는 것이 아니라, 오로지 지금 현재 내 앞에 펼쳐진 자연과의 만남에 집중하면서 자연스럽게 자신의 마음에서 생겨난 느낌을 시상(詩想)으로 오롯이 담아낸 것이라고 볼 수 있으니 마음 챙김과 같은 것이다.

황희는 정치가이면서도 폭 넓은 학문적 토대를 바탕으로 많은 독서와 사색을 통해 그의 생각을 몇 편의 시조(時調)와 한시(漢詩)로 남겼을 뿐만 아니라 지위에서 파면되었던 기간에도 누군가를 원망하고 자책하며 허송세월을 보내기보다 그저 그 순간 주어진 자신의 처지나 상황을 덤덤하게 받아들이며 마음의 평정심을 유지하면서 여유롭게 달관하려는 마음을 가졌다. 자연과의 시적체험 속에서 그것을 자신의 삶의 관점으로 활용하였을 뿐 아니라, 자연을 벗 삼아 자신의 힘든 마음을 달래고 위로하는 소통으로 활용한 것이 바로 이를 증명한다. 남원에 내려온 황희는 문을 잠그고, 손님을 일체 거절하고, 하루 종일 다만 운서(韻書)만을 탐독하였다 하는데, 남원에서 황희의 생활모습을 전하는 기록은 없지만 이 시대에 지은 것으로 추측되는 시조 한 수에서 그것을 짐작할 수 있다.

청계상(淸溪上) 초당외에 봄은 어이 늦었는고
이화 백설향에 유색(柳色) 황금란이로다
만학운(萬壑雲) 촉백성중에 춘사망연하여라

(맑은 시냇물, 그 위에 초가 삼간, 여기에 봄철이 찾아오니 눈같이 흰 배꽃은 향기가 싱그럽고, 푸른 버들은 누른빛을 띠어 장차 움이 트러는데, 먼 산에는 구름이 엉기고 두견 새소리는 처량만 하구나.)

(장수황씨대전연지회, 1994: 244)

황희는 남원의 자연과 만나는 시적체험 후에 그것을 자신이 처한 상황과 자연스레 연결 지으며 거기에서 느껴지는 감정과 생각의 감정세계를 함축적으로 표현하였다. 아름다운 자연을 보며 감탄함과 동시에 그렇게 아름답고 멋진 자연에 비하여 자신의 현재 상황은 이렇게 서글프고 처량하기만 하다는 자신을 향한 측은지심 내지는 자기연민의 감정을 드러내고 있는 것이다. 실제 '자연은 맑은 시냇물과 그 위에 초가삼간이 있고 이제 봄철이 찾아오니 눈 같이 흰 배꽃은 향기가 싱그럽고 푸른 버들은 누른빛을 띠어 장

대화의 달인 황희에게 배우는 소통의 철학

차 움이 트려고 하는데'와 '먼 산에는 구름이 엉기고 두견 새소리는 처량만 하구나.'는 대조적으로 표현되고 있다. 힘들고 어려운 자신의 상황 앞에 펼쳐진 아름다운 자연은 상대적으로 황희 자신의 상황을 더 초라하고 슬프게 느껴지도록 만들었을 것이다.

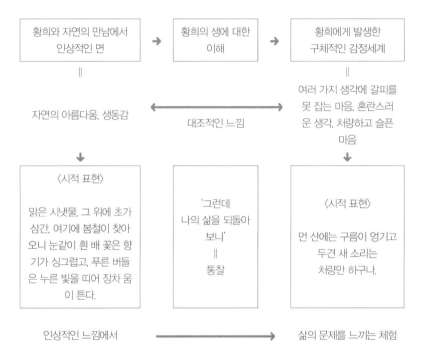

[그림 1-16] 황희의 시적체험의 과정

우리가 고통스럽고 힘들 때 그 증상 안으로 들어가서 '나'와 소통할 줄 아는 사람은 삶을 훨씬 더 풍부하게 살아갈 자원을 가졌다고 할 수 있다. '나'를 내려놓음으로써 나에게 어떤 메시지가 전달되고 있는지 이해할 수 있는 기회가 되기 때문이다. 나를 내려놓는다는 것은 존재의 중심이동을 시킨다는 말로 내려놓음은 자기중심성을 완화할 기회이자 자기 틀에서 자유로워질 기회이며 자기를 객관적으로 볼 기회가 된다. 시와 같은 문학적인 방법은 '대상과의 만남에서 자신의 생으로 나아감'을 가능케 하여 상처로 인해 괴로워하고 어려움에 허우적대는 자아를 상대적으로 거리감을 두고 볼 수 있게 하는 역할을 한다.

황희는 자연과의 시적체험 과정을 자기 삶에 비추어 보고 자신 안에서 일어난 감정세계를 시상(詩想)으로 표현해 보면서 자신의 힘들고 어려운 상황을 객관화시켜 보았다. 여기서 객관화시켰다는 말은 자신의 문제를 이미 '문제'가 아닌 것으로 해석하고 자연스럽게 받아들였다는 뜻이기도 하다. 또 자기의 상처나 힘듦을 시상(詩想)으로 표현한다는 것 자체가 이미 더 이상 그것이 밖에 따로 존재하며 자기를 계속 힘들게 하는 문제가 아니라 자신의 한 부분으로 소화 내지 승화시켰음을 뜻한다. 문제를 승화시켰다는 것은 그 문제가 일으키는 감정을 승화시켰다는 말인데, 이 감정을 승화한다는 것은 감정을 일종의 에너지로 생각하는 것과 같다. 감정도 긍정적으로 생각하면 일종의 에너지기 때문에 이것을 해소할 수 있는 기회를 주어 좋은 방향으로 그 에너지가 흘러가게 하는 것이 필요하다. 그렇게 하면 우리 마음속 에너지가 해소될 뿐 아니라, 자연스럽게 생산적인 결과도 얻게 된다. 이렇게 볼 때 황희는 자연과의 만남에서 생겨난 자신의 감정세계들, 즉 외로움, 힘듦, 서글픔 등의 감정을 마음에 쌓아두지 않고 그것을 하나의 에너지로 보고 그 감정 에너지를 시(詩)의 형태로 전환하여 문학적인 소통으로 건강하게 풀어내었다고 말할 수 있다.

황희는 현재에 집중하는 시적 체험을 함과 동시에 거대하고 심오한 자연 앞에서 우주의 소명의식을 느끼는 시적 체험을 했던 것 같다. 사람이 자기중심의 이기적 삶이 아니라 의미 중심의 우주적 관점에서 삶을 대하면, 살아가면서 겪는 각종 문제와 고뇌의 의미는 현격하게 달라진다. 이 과정을 통해 사람은 겸손이나 겸허를 배우고 자기에게 주어진 문제의 의미를 새롭게 깨닫고 배우는 성장의 길을 걸어갈 수 있다. 황희는 이 같은 우주의 소명의식에 접하면서 자아가 한낱 작은 존재에 불과하다는 점, 그리고 세상의 모든 문제와 고민거리가 그저 자연의 작은 티끌 정도에 불과하다는 깨달음을 얻은 것 같다. 황희의 시상(詩想)을 현재에 집중하는 시적체험의 표현인 동시에 자신이 처한 어렵고 힘든 상황을 작은 부분으로 인식하여 덤덤하게 받아들이고 오히려 그 과정에서 배우고 성장하여 통찰의 길로 가게 하는 우주의 소명의식을 갖는 시적체험의 표현으로 볼 수 있는 연유다.

(2) 나와 '나'

황희는 자연과 만나는 과정에서 '나'의 의미를 찾기도 하였다. 자연은 황희가 자신과 만날 수 있도록 해 주었으며 황희는 자연을 통해서 진정한 자아의 의미를 깨닫고 깊은 내적 자아와 만나는 시적 체험을 하였다. 황희가 함길도 도체찰사의 임무를 띠고 길을 떠나니 임금이 활과 화살을 하사하였다. 길을 재촉하여 길주(吉州)에 다다른 도체찰사 황희는 객사(客舍)에 머물렀고 이 때 시 한 수를 읊었다.

칠순에 사명 띠고 삼천리에 다다르니

멀고 먼 험준한 땅이 끝없이 펼쳐지네

정중하고 인심 좋은 주인의 힘을 입어

창안백발 늙은이가 오히려 풍류를 읊는구려

(황대연, 2010: 131)

칠순이 다 되어 나라의 사명을 띠고 막중한 임무를 수행하기 위해 길주까지 다다른 황희의 모습이 그려지는 시다. 황희는 광활한 대지 앞에 있는 '나'와 만났고, 그 순간에 자기 스스로를 되돌아 보며 느낀 감정세계를 표현하였다. 칠순이 다 된 노인인 황희로서는 멀고 먼 험준한 땅이 끝없이 펼쳐지는 대지 앞에서 도전과 늙음이라는 이상과 현실의 충돌을 경험했을 법하다. 광활한 대지에 비추어 볼 때 자신이 이제 많이 늙었음을 아는 황희는 현재 상황이 녹록치만은 않다는 생각을 했을 것이다. 이미 칠순이 다 된 백발 늙은이가 이 험난한 상황을 헤쳐 나가야 한다는 생각에 약간의 의기소침함을 느꼈을 수도 있다. 하지만 황희는 그 마음이 자신을 시종일관 지배하도록 허락하지 않았으며 정중하고 인심 좋은 객사 주인을 만나서는 또 그 순간에 머물며 힘을 얻고 풍류를 읊을 만큼의 여유와 긍정적인 마음을 가졌다. '풍류를 읊는다'는 표현은 늙은 자신에게 현재의 상황이 다소 험난하고 두렵기는 해도 그 상황에 압도되어 도망치거나 거부하지 않고, 그저 지금 순간에 머물며 자연스레 지나가는 일로 덤덤하게 받아들이겠다는 의지의 표현이기도 하다.

황희가 순간순간에 머물러 상황 자체를 누리며 현재를 사는 이러한 모습은 박성희(2011)가 말한 현전재성의 실천과 같다. 현전재성은 모든 일을 멈추고 그냥 자신에게 일어나는 현상들을 주시하고 누리는 것을 말한다.

과거를 회상하지도 미래를 희망하지도 않은 채 지금 이 순간에 깊이 빠져들어 자신에게 일어나는 온갖 현상을 그대로 느끼는 것이다. 광활한 대지 앞에서 자신의 늙음을 직시하고 느껴진 약간의 두려움 때문에 좌절하지 않고, 매 순간 일어나는 일에 초점을 두고 이를 누리는 황희는 현전재성을 몸소 실천한 셈이다. 현재에 초점을 두고 살아간다는 것은 자기 경험에 개방적이라는 말로도 설명되는데, 자기 경험에 개방적이라는 말은 자신이 지각하고 경험하는 모든 일에 열려 있다는 뜻이기 때문에 모든 생각을 허용하면서도 마음의 평화를 유지할 수 있게 된다. 황희는 순간순간 자신이 경험하는 일들과 상황에 집중하며 '나'가 머물고 있는 현재를 살아가면서 자연스레 마음을 평온하게 만들고 어떤 일에도 침착하게 대처할 수 있는 여유로움의 소통으로 시(詩)를 활용한 것이다.

(3) 나와 '감정'

황희는 자신의 감정 자체를 시로 표현하기도 하였다. 세종은 태종의 권유로 1422년 2월, 마침내 황희를 한성으로 불러 올렸다. 이때 황희는 귀양에서 풀려 조정으로 다시 돌아 온 자신의 심정을 시로 남겨 놓았다.

청조야 오도고야 **반갑다** 님의 소식(=반가움)

약수 삼천리를 네 어이 건너온다

우리 님 만단정회를 내 다 알까 하노라(=고마움)

(아, 반갑구나 임금님께서 보내신 사자가 왔구나. 무거운 죄를 입은 귀양살이를 풀어 주시다니, 우리 임금님의 바다 같은 은혜와 하늘 같은 덕을 내 어찌 모르랴.)

황희는 기다리고 기다리던 태종 임금의 부름을 다시 받아 너무나 반갑고 기쁜 마음이다. 오매불망 그리던 임금의 부르심이 드디어 눈앞에 펼쳐지니 감사하기가 이를 데 없다. 임금을 향한 그리움 그리고 부르심의 감사함은 그 자체로 황희의 마음속에 일어난 감정이다. 이는 어떤 대상과의 만남에서 비롯된 감정세계가 아니라 자신의 내면에서 피어오르던 그리움과 기다림을 해소할 수 있는 일이 '현실화'되면서 마음 가득 느껴지는 감정 그 자체를 체험하고 시로 표현한 것이다. 오철수(2009)는 감정 그 자체를 직접 시로 쓰는 표현을 주정(主情)의 노래라 하였는데, 주정의 노래에서 사랑이나 그리움과 같은 지속적인 감정의 쌓임은 충분히 감정의 덩어리로 작용하여 인간의 마음을 표현할 수 있는 소재가 될 수 있다. 임금의 부르심에 대한 기다림과 그리움이라는 응어리진 감정 세계가 그것이 해결되는 순간, 황희의 마음에는 기쁨과 감사함이라는 충만된 감정이 순식간에 일어났을 것이다. 이 감정을 직접 시로 씀으로써 황희는 그 감정이 주는 행복감을 오랫동안 만끽함과 동시에 자기감정과 정직하게 소통하는 태도를 보여 주고 있다.

(4) 나와 '소망'

황희는 자신의 감정 자체를 직접 시로 표현한 것처럼 간절한 소망을 시로 표현하기도 하였다. 황희가 고령과 노병으로 영의정의 자리를 여러 차례 사양하였으나 세종의 윤허를 받지 못하자 드디어 도승지인 김공에게 시를 써 자신의 사의를 세종에게 말씀 드리도록 부탁한 것이다. 애절한 사의

가 담겨 있는 시의 내용은 다음과 같다.

傑骸年去未休官(벌써 물러날 나이 되었건만 벼슬을 그만두지 않고)

洋食都堂幾厚顔(의정부에서 밥을 축내고 있으니 얼마나 낯 두꺼운 일인가)

香案後容陣老病(임금님께 저의 노병을 말씀드려)

須敎白髮對靑山(백발로 청산이나 대하도록 해 주소서) =(소망)

(황영선, 1998: 123)

앞의 시는 황희의 소망을 임금에게 전해달라는 바람이 담긴 시다. 애절한 사의를 소망하는 마음을 직접 시로 표현한 것이다. 황희는 고령과 노병으로 영의정 자리를 여러 차례 사양하였으나 세종의 윤허를 받지 못하자 급기야 여러 가지 이유가 담긴 사의를 표현한 시를 써 보낸 것이다. 이는 황희가 직접 여러 차례 사양하였음에도 불구하고 허락받지 못하자 새로운 방식인 시를 빌어 소통을 시도하는 것이라고 볼 수 있는데, 여러 가지 문학적 방법이 있음에도 황희가 시의 형식을 선택한 것은 시의 은유적 특성에 기인한다.

시에서 은유는 보통 'A는 B다', 또는 'A의 B'와 같은 형태를 취하면서 원관념과 보조관념을 직접 연결시키는 방식을 말한다. 그리고 시는 나와 어떤 대상과의 만남에서 생긴 인상 깊은 면이 나의 생을 돌아보게 하면서 어떤 통찰을 주고 그 통찰로 말미암아 나에게 불러일으켜진 어떤 구체적인 생각이나 느낌을 함축적으로 표현한다. 여기에서 나의 생각과 느낌을 함축적으로 표현한다는 것은 내가 만난 대상이 어떻게 나에게 그러한 감정세계를 불러일으켰는지에 대한 과정은 생략한 채 곧바로 내가 만난 대상과 나의 감정세계를 나타내는 것을 말한다. 따라서 어떤 대상과 만나서 일어난 감정 그대로를 직설적으로 표현하는 것이 아니기 때문에 읽는 이는 시에서 나타난 원관념과 보조관념의 유사성을 통해 시를 쓴 사람의 의도나 마음을 읽어내는 일이 중요해진다. '의정부에서 밥을 축 낸다' 또는 '백발로 청산이나 대하도록 해 주소서'와 같은 보조관념 뒤에는 바로 황희가 느끼는 송구스러움, 민망함, 간절함 등의 감정들이 숨어 있다. 시적 표현에서 은유의 원관념과 보조관념 사이에 생기는 일정한 공간은 상대방으로 하여금 그 공간 안의 의미를 자기 나름대로 해석할 수 있는 시간적, 심리적 여유를 제공하므로 황희는 이러한 시의 은유적 특성을 이용하여 세종에게 자신의 마음을 읽고 헤아릴 수 있는 시간적 여유를 준 것이다. 따라서 시는 나의 마음에 대한 상대방의 무한한 생각과 추측의 가능성을 열어놓은 개방적인 형식이다. 황희는 자신의 소망을 은유적 특성을 갖는 시의 형식으로 드러냄으로써 세종으로 하여금 자신의 표현 이면에 있는 감정들과 의도를 생각해 내고 추측하도록 만들어 결과적으로 자신의 소망을 달성할 수 있는 확률을 높인 소통을 시도한 것이다.

(5) 나와 '너'

황희는 상대방과의 소통에 조율하는 소통의 의미로써 시를 활용하기도 하였다. 문정공 탁광무 선생이 어느 추운 겨울 날, 청빈하게 사는 황희가 걱정되어 안부를 물은 원운(原韻)과 황희의 차운(次韻)을 소개해 본다.

	표현	의미
1연 (인사)	**그대 얼굴 본 지 이미 여러 해** 소식마저 달 걸러 듣네	'소식이 뜸했네.'
2연 (서로의 처지 비교, 부러움과 그리움)	일 없이 편하다고 쉽지만은 않아 살아가는 일은 **언제나 어려운 법** 안위에만 매달리는 내 모습 보니 **그대의 큰 도량이 부러우이**	'일이 없는 듯해도 힘드네. 안위를 포기하고 청렴하게 사는 그대가 참 대단하네.'
3연 (걱정)	**눈바람 모진 밤에 궁금하여** **추위나 허기는 면하는지 묻고 싶네**	'겨울밤 힘들게 지내지는 않는 가.'

[그림 1-17] 탁광무가 안부를 물으며 보낸 원운(原韻)

	표현	의미
1연 (반가움)	저 산 달빛 발 틈으로 들어와 **별안간 소식**을 전해 주었네	'갑작스런 연락에 반갑네'
2연 (상황의 상대적인 이해 설명, 만남 기약)	도(道)를 염려하면 한가함이 낙(樂)이고 기쁘게 안 것은 잊기 어려운 법 떨어져 있어도 평안하기 바라니 나중에 만나서 사람의 도량을 읊어보세	'사람은 누구나 자기 상황과 반 대를 그리워하네. 내 염려를 해 주니 고맙고, 나중 을 기약하세'
3연 (안심시킴)	추위가 방 안까지 스미나 방이 따스하니 **견딜 만하이**	'나는 지낼 만 하네.'

[그림 1-18] 황희 정승이 회답으로 보낸 차운(次韻)

(황대연, 2010: 218-219)

우리는 이 시에서 탁광무와 황희의 절묘한 소통방식의 조율을 찾을 수 있다. 탁광무는 황희를 그리워하고 겨울밤을 어찌 지내는지 궁금한 마음을 총 3연에 걸쳐 전하고 있는데, 3연의 구조를 살펴보면 '인사―자기 상황과 황희의 상황, 부러움과 그리움―걱정'의 형식으로 이루어진다. 이에 대해 황희는 탁광무의 3연의 구조에 각각 대응하는 답을 해 주는 '반가움―상황의 상대적인 이해, 만남 기약―안심시킴'의 구조에 따라 탁광무의 방식에 그대로 조율하여 똑같은 형식으로 화답해 주고 있다. 황희가 자신의 소통방식을 탁광무의 대화 채널에 일치시킨 것이다. 대화의 방식을 일치시키면 그만큼 신속하게 상대방의 주관적 세계로 돌입할 가능성이 높아지며 감각 통로가 일치하면 상대방이 내밀하게 느끼는 여러 가지 주관적 세계에 대한 탐색을 쉽게 해낼 수 있게 된다. 황희는 탁광무의 시(詩)라는 소통 채널에 그대로 맞춰 소통함으로써 탁광무의 시적 표현의 의미를 깨닫고 그에 대한 화답을 해 준 것으로 볼 수 있으며, 이렇게 서로의 소통이 조율되었으므로 탁광무와 황희는 서로에게 전하는 진심과 의도를 충분히 주고받았을 것이다.

　　이 시는 황희를 걱정하고 그리워하는 탁광무의 마음이 나타나 있으므로 주정(主情)의 노래이기도 하다. 탁광무가 '추운 겨울 밤'과 만나면서 인상적인 면으로 떠오른 것은 바로 '황희'라는 인물이었으며, 황희로 인해 자신의 삶을 돌아보니 자신은 안위를 포기할 정도의 도량이 없어 이 추운 겨울에도 따뜻하게 잘 지내고 있지만, 그 안위를 포기한 황희는 추운 겨울을 춥고 힘들게 나고 있겠다는 생각을 하게 된 것이다. 이러한 생각은 황희의 넓은 도량에 대한 부러움과 이 추운 겨울밤을 어찌 잘 지내고 있는가 하는 걱정과 그리움의 마음이라는 감정세계를 불러일으켰기 때문에 탁광무는 자신의 감정세계가 표현된 앞과 같은 시를 보낼 수 있었던 것이다. 그런데 탁광무가 '겨울 밤'이라는 대상과 만나면서 황희라는 '사람'을 떠올렸다는 것은 평소에 '황희'에 대한 탁광무의 어떤 감정이나 생각이 있었다는 것으로 해석할 수 있으며, 겨울밤과 만나면서 인상적으로 떠올랐던 대상인 황희에게 직접 자신의 감정을 전하고 있다는 점에서 이 시는 사람에 대한 이야기를 쓰고 있는 것이라 보아도 무방하다.

보통 우리가 사람 이야기를 시로 쓰게 되는 까닭을 생각해 보면, 그 사람이 나에게만큼은 무엇인가 가슴 와 닿고 찡한 감정을 느끼게 하면서 다시금 내 생에 활기를 주기 때문일 것이다. 탁광무는 황희의 안쓰러울만큼 청렴한 삶의 모습에서 평소부터 강렬한 인상을 받았었고, 그러한 인상이 '겨울밤'이라는 대상을 만나 자신의 안위한 삶에 대해 생각해 보는 계기가 되었을 것이다. 그 과정에서 생긴 감정세계를 황희에게 시를 써 보낸 것이라 할 수 있으므로 이 시는 '주정에 대한 노래'이자 '사람에 대한 시'인 것이다.

황희는 자신이 처한 상황에서 떠오르는 생각과 마음을 시로 표현하며 '나와 자연', '나와 나', '나와 감정', '나와 소망', '나와 너'의 다양한 형태로 소통하는 모습을 보여 주었다. 그는 자연, 내게 주어진 상황, 너 이러한 모든 것들에 대해 개방적인 자세를 취하였으며, 만남에서 이루어지는 시적체험을 통해 현재에 머물며 그러한 것들이 주는 인상적인 감성세계를 놓치지 않고 자신의 생의 문제로 확장하고 연결하며 새로운 의미들과 소통하였다. 현재에 머물며 그 때의 감정세계를 놓치지 않는다는 것은 알아차림의 명상이다. 이는 안으로 받아들이는 느낌에 대하여 관찰하여 머무는 것이다. 밖으로 받아들이는 느낌에 대하여 관찰하여 머물며, 또한 안과 밖의 모든 느낌에 대하여 관찰하여 머물거나 또는 생겨나는 느낌을 관찰하면서 거기에 머물고, 사라지는 느낌을 관찰하면서 거기에 머물며, 또한 생겼다가 사라지는 느낌을 관찰하면서 거기에 머무는 것이기 때문이다. 황희는 이러한 알아차림을 통해 자신이 접하는 대상들 그 자체를 사색하였고, 거기에서 받은 심상을 어김없이 시로 표현하였다.

황희의 자연에 대한 감수성과 관찰 그리고 문학적 감각은 황희의 삶에 대한 여유로운 자세와 마음가짐으로 연결되었다고 보이며, 유유자적 하는 일면은 포월의 자세이기도 하다. 박성희는 포월은 품으며 넘기 또는 넘어서서도 품기를 뜻하는 것으로 생각을 초월했으나 생각을 버린 것이 아닌 상태라고 말한다. 즉, 생각을 하려고도 하지 않으며 생각을 아예 하지 않으려고 하는 것도 아닌 것을 말하는 것이다. 그저 어떤 생각이 들어오면 생각이 나갈 때까지 자연스럽게 그 생각에 머물러 있을 따름으로 자연스러운 흐름에 따라 들어오는 생각을 허용하지만 거기에 특별한 집착이나 고집을 부리지 않기 때문에 마음을 늘 평상심으로 유지할 수 있게 된다.

황희는 자연과의 소통에서는 자연과 하나 되는 기쁨과 자연을 통하여 지금 이 순간에 집중하는 법을 배우며 어려운 상황을 극복하였고, 나와의 소통에서는 현재의 상황을 물 흐르는 대로 흘러가게 두며 나의 마음을 다스렸으며, 너와의 소통에서는 상대방의 소통에 조율하여 서로의 마음을 깊이 있게 나누었으므로 포월적 자세로써 소통한 것이다. 황희는 현실 속에서 어떤 인상적인 대상을 공감을 통해 만나 시적체험을 하였고, 그 때 불러일으켜진 감성세계를 나-자연, 나-나, 나-감정, 나-소망, 나-너의 형태의 시상(詩想)으로 표현하였다. 편지 또는 시와 같은 문학적 형식을 빌어 자신과 소통할 뿐 아니라 세상 사람과 소통하는 다양한 방법을 활용한 황희의 소통방식은 오늘날에도 배울 바가 많다.

제2부

비언어 소통

의사소통 과정에서 핵심을 차지하는 것은 대화지만, 그렇다고 해서 '소통의 방식은 대화'라고 단정 짓는 것은 곤란하다. 사람들의 생각과 마음을 드러낼 수 있는 소통방식은 대화 이외에도 존재하기 때문이다. 게다가 우리는 언어를 가장 흔하고 쉬운 의사표현의 수단으로 사용하지만 그것이 언제나 진실만을 드러내는 것은 아니라는 점에서, 그리고 우리가 느끼는 감정이나 머릿속으로 생각하는 모든 것들을 완벽하게 표현할 수 없다는 점에서 언어는 분명 한계가 있다. 이는 비언어적 의사소통의 중요성으로 자연스럽게 연결된다.

비언어 소통은 말과 글에 의지하지는 않지만, 상대방에게 영향력을 행사하는 메시지가 담긴 소통을 말하며, 침묵, 행동, 관찰로 나뉜다.

이는 우리가 말을 할 때 그 내용 못지않게 보여 주는 표정이나 태도와 같은 비언어적인 방식이 중요하다는 사실을 말해 준다. 따라서 다른 사람들과 원만한 소통을 원한다면 언어뿐 아니라 비언어적인 의사소통도 함께 고려해야 한다. 여기에서 말하는 비언어적 소통은 언어적인 소통 이외에 자신의 생각이나 마음을 전할 수 있는 다른 방식들을 통칭한다.

황희는 다양한 비언어적 의사소통을 통하여 주변 사람들과 원만한 인간관계를 유지해 나갔다. 다음 절에서 논의할 내용은 황희가 사용한 비언어적 소통방식으로 먼저 침묵부터 살펴보겠다.

5. 침 묵

1) 밥그릇 속의 벌레

익성공이 수상으로 있을 때 관료들과 의논할 일이 있어 수십 명과 함께 정청에서 회식을 하게 되었다. 공이 먼저 밥상을 받아 덮개를 열고 제반(除飯)할 즈음에 손가락만한 새파란 벌레가 숟가락 사이에 보였다. 그러나 제반 속에 버리고 **아무 말없이 그대로 들었다**(침묵—공감).

관료 몇이 그 사실을 알고 꺼림칙하게 여겼으나 수상이 이러하므로 **아무 소리도 못하고 다 먹었다**(문제 해결). 공은 하인들이 무의식중에 저지른 실수를 자신이 내색하면 중죄에 걸릴 자가 한두 명이 아닐 것을 알고 덮어 버린 것이다. 사람들은 그의 너그러운 마음씨를 칭송했다(이상진, 『만암집』)(황대연, 2010: 179).

앞의 일화를 보면, 황희는 하인이 무의식중에 저지른 실수에 대하여 '침묵'으로 소통하고 있는데 침묵의 결과는 실로 놀랍다. 밥 속에 벌레가 있는 것을 아는 몇몇 관료들도 그냥 아무 말없이 밥을 다 먹게 하였을 뿐 아니라,

121

무의식중에 저지른 하인들의 실수를 너그럽게 덮어 중죄에 걸릴 여러 명의 목숨을 구하였기 때문이다. 황희의 침묵에는 몇 가지 메시지가 담겨있기 때문에 침묵만으로 문제를 해결할 수 있었다.

첫째, 밥 속에 벌레가 있다는 사실을 알아 챈 관료들에게는 '밥에는 아무것도 없으니 그냥 먹고, 혹시 있더라도 내가 아무 말 하지 않으니 그냥 조용히 먹도록 하게.'라는 암묵적인 메시지가 담겨있다. 그렇기 때문에 관료들은 꺼림칙하게 생각하면서도 황희의 눈치를 보며 아무 소리도 못하고 밥을 다 먹었던 것이다.

둘째, 하인들의 무의식중의 실수를 덮겠다는 황희의 내적 언어, 즉 자신을 향한 메시지라 할 수 있는 것이다. 황희는 밥그릇 속에 벌레를 보는 순간, 자신이 내색을 하면 중죄에 걸릴 자가 한둘이 아니라는 사실을 직감하고 안 좋은 결말을 자신의 '침묵'으로 덮어야겠다고 생각하였다. 이러한 내적 언어는 하인들의 생각에 공감한 것과 같다. 황희는 자신의 발설이 하인들에게 어떤 영향을 미칠지, 하인들이 받을 마음이 어떨지를 재빨리 파악한 후 '침묵'을 선택한 것이므로 하인들의 마음에 미리 공감한 것이다.

황희의 침묵 소통은 관료들에게는 행동 금지를 의미하며, 자신에게는 실수를 한 하인들의 행동을 크게 문제 삼지 않겠다는 의지 표현을 의미한다. 황희의 침묵에는 이러한 두 가지 의미가 포함되어 있었기 때문에 밥그릇 속의 벌레를 발견하였을 때 그 상황을 바꾸기 위해 곧바로 반응하지 않았고, 상황이 종료되어 문제가 해결될 때까지 그대로 놔두고 인내해 주는 기다림의 소통이 가능했다. 하인들의 입장에서는 황희가 자신들의 실수와 잘못을 크게 나무라지 않고 오히려 '침묵'함으로써 기회를 준 것이기 때문에, 황희가 얼마나 고마울 것인가! 게다가 앞으로는 그런 실수를 하지 않도록 자신들의 행동을 스스로 반성하고 고칠 가능성이 커질 것이다.

우리는 어떤 상황에 놓였을 때 흔히 자신의 도식 안에서 그 문제를 이해하고 해결하는 '동화' 또는 자신의 인지도식의 틀이나 형태를 바꾸는 '조절' 기제를 통하여 문제를 해결한다. 일반적으로 나의 도식과 맞는 상황에서는 인지적 평형 상태를 유지할 수 있으므로 심리적으로 편안함을 느낄 수 있지만, 나의 도식과 맞지 않는 상황에서는 인지적으로 불균형 상태가 되므로 매우 불편함을 느끼게 된다. 인지적인 불균형 상태에 처하게 되면 이 불균형을 극복하기 위해 우리는 자신의 기존 도식에 조절을 가하여 문제를 해결하고 다시 평형 상태를 유지하려는 방향으로 움직인다. 이 과정에서 우리의 사고는 변하고 한 층 더 높은 단계로 성장할 수 있게 된다.

앞의 일화에서 하인들이 처한 상황이 이와 비슷하다. 하인들의 입장에서는 앞과 같은 상황이 바로 조절을 통해 기존의 사고가 변화하고 한 단계 더 나아가는, 다시 말해 일종의 통찰(insight)적 경험을 주는 상황이 될 수 있다. 통찰적 경험을 한 하인들은 앞으로 밥을 지을 때 스스로 더 조심하려고 노력할 것임에 분명하다. 인간은 누구나 상대에게 피해를 주지 않는 범위 안에서 자기 마음대로 선택하고 누릴 수 있는 자유가 있는데, 이런 점에서 '침묵'을 선택할 권리 역시 존중받아야 한다. 말하고 싶을 때 말하고 침묵하고 싶을 때 침묵하는 자유 말이다. 황희는 상황에 따라 자신의 침묵할 권리를 행사함으로써 현명하게 문제를 해결히었디. 이는 실수조치 비난히지 않고 있는 그대로 인정히고 수용헤 주면, 스스로가 해결책을 찾고 고쳐 나갈 수 있다는 인간중심적인 관점의 모토와 다를 게 없기 때문에 황희의 '침묵' 소통은 인간에 대한 믿음과 신뢰를 엿볼 수 있는 소통이기도 하다.

2) 황희 정승과 단벌 조복

황희의 '침묵' 소통이 이번에는 자연스럽게 다른 사람이 나서서 문제 해결을 하게 만들고 본인에게는 더 좋은 결과를 생기게 한 일도 있다.

어느 겨울날 황 정승은 퇴청하자 조복의 홑꺼풀을 벗겨 빨아서 내일 아침 입궐할 때까지 꾸며 놓으라고 일렀다. 공교롭게도 그날 밤 갑자기 입궐하라는 세종의 분부가 있었다. 조복의 홑꺼풀은 이미 물에 들어간 뒤요, 갈아입을 조복은 없는지라 황 정승은 솜이 너덜너덜 붙은 조복 속꺼풀에 관대를 차리고 그냥 입궐하였다. 이미 좌·우의정을 비롯한 육조판서들이 세종 앞에 머리를 조아리고 있었다. 뒤늦게 입궐한 황희는 세종 앞에 나아가 허리를 굽혔다. 희미한 불빛에 세종이 황희를 내려다 보고는 진노하여 "**청렴결백하기로 천하에 이름난 영상의 조복이 수달피 옷인 줄은 차마 몰랐소. 이 어찌 겉 다르고 속 다르오**(오해)."하고 꾸짖었다. 세종의 눈에는 황희의 솜 누더기 조복이 수달피로 보였던 것이었다. 그래도 **황정승은 아무 말 없이 머리만 조아리고 있었다**(침묵).

세종의 진노함이 점점 더 커지자 옆에 좌의정으로 있던 고불 맹사성이 조심스럽게 말했다.

"**영상의 조복이 수달피가 아니라 솜 누더기이옵니다**(문제 해결—공감)."

세종이 깜짝 놀라 그 연유를 캐고는 비단 피륙을 하사했으나 황 정승은 굳이 받지 아니하고 국록으로도 충분한데 소용될 데가 없다고 사양하였다

(장수황씨대전연지회, 1994: 236-237).

소학(小學)에는 벼슬하는 사람이 힘써야 할 일 세 가지를 뜻하는 유유삼사(唯有三事)란 말이 있다. 그 첫째는 청(淸), 둘째는 신(愼), 셋째는 근(勤)이다. 앞의 일화에서 우리는 나랏일을 하는 목민관이 가져야 할 윤리적 규범이 무엇인지 그리고 이를 묵묵히 실천한 황희의 성실함을 엿볼 수 있다. 세종은 황희에게 수달피 옷을 어찌 입게 되었는지 해명을 요구하고 있다. 황희의 옷은 수달피 옷이 아니므로 황희는 세종의 오해를 풀기 위해 해명을 해야 함에도 불구하고 시종일관 침묵으로 일관한다.

황희는 세종의 해명 요구에 왜 침묵으로 임했을까. 황희 입장에서 보면, 자신의 누더기 옷이 수달피가 아니므로 임금의 오해는 곧 풀릴 것이라 생각했을 것이다. 또 자신의 조복이 단 한 벌 뿐이라는 구구절절한 연유를 본인의 입으로 말하는 것은 결국 자화자찬(自畵自讚)으로 비춰질 가능성이 있으므로 유교적 교리로 정신무장을 하고 있는 황희로서는 자신에게 어울리지 않는다고 생각했을 것이다. 세종의 재촉에도 불구하고 아무 말없이 머리를 조아리며 침묵하고 있는 황희에게서 어떠한 불안이나 안절부절못하는 기색을 찾아 볼 수 없다는 것이 이를 증명한다. 자신의 옷이 수달피 옷이 결코 아닌 기정사실 앞에서 '침묵'으로 소통한다 해도 약간의 시간 지체는 있을지언정, 세종의 오해는 결국 풀리게 될 것임을 확신했을 것이다. 실제로 황희가 계속 침묵으로 일관하면서 시간이 지체 되자 세종의 진노는 커지지만, 결국 맹사성이 황희를 대신하여 누더기 옷임을 해명함으로써 세종의 오해는 풀리고 문제는 해결된다. 여기에서 맹사성이 입을 연 것은 황희가 '침묵'한 이유가 황희 본인이 자기 입으로 그 이유를 설명하기에는 난처한 것임을 눈치 챘기 때문이었을 것이다.

비언어적 의사소통 역시 언어적 의사소통과 마찬가지로 인간 사회와 문화의 산물이다. 한국사회는 언어적으로 명확한 자기의사를 전달하는 것보다 행동이나 눈치와 같은 비언어적인 의사소통으로 슬쩍슬쩍 상대방의 심중을 헤아리고 자기 마음을 넌지시 전달하는 우회적인 소통방법을 더 선호한다.

따라서 오랫동안 함께 나랏일을 하며 두터운 친분이 형성된 맹사성과 황희의 관계에서 맹사성은 황희의 '침묵'의 의미를 충분히 짐작할 수 있었을 것이다. 또 황희와 남다른 친분관계에 있는 맹사성은 세종의 진노가 점점 커지자 행여 오해가 밝혀지지 않을 경우 초래될 수 있는 '화'를 미연에 예방하려는 마음이 앞섰기 때문에 결국 자신이 나서서 문제를 해결해 주었을 것이다. 황희는 '침묵'으로 일관했을 뿐인데, 그 결과는 옆 사람으로 하여금 소통의 장(場)에 가담하여 자기 대신 문제를 해결하도록 만들었고, 자신의 청렴함을 자화자찬(自畵自讚)이 아니라 다른 사람의 입을 통해서 전해지도록 만들어 겸손함이라는 자신의 가치를 더욱 부각시킨 셈이 되었다. 황희는 침묵으로 문제를 해결하고 동시에 자신의 가치를 높이는 소통을 한 것이다.

6. 행 동

황희는 이러한 침묵뿐만 아니라 구체적인 행동을 통해서 자신의 생각을 드러내기도 하였다.

1) 조복을 벗지 않고

황희 정승이 **나랏일에 얼마나 골몰하게 생각하고 연구하는지**(의미1) 하루는 정식으로 퇴근하여 사랑에 혼자 조용히 앉아 계시면서, 저녁때가 되어 어두워지는데도 알지 못하고 출근한 것으로 착각하고 **조복을 그대로 입고 앉아 계셨다**(비언어적 소통―행동).

황희 정승 부인이 옆에 다가가서 "대감은 어찌하여 퇴근을 하시고도 조복을 그대로 입고 벗지 않습니까?"라고 하니 황희 정승은 그제서야 "조정에 있는 줄 알았는데…… 이제야 내가 퇴근하여 집에 와 있는지 알았고, **내가 막중한 책임을 진 영의정인지 알았다**(의미2)."하는 것이다(장수황씨대전연지회, 1994: 190).

인간의 모든 행동은 대화다. 우리가 일상생활에서 보여 주는 행동, 표정이 모두 어떤 의미를 가지고 있으므로 우리는 늘 행동으로 말하고 있는 것이라 할 수 있다. 황희가 퇴궐을 하여서도 조복을 그대로 입고 앉아 있는 행동도 몇 가지 의미를 내포하고 있다. 첫째, 황희가 부인의 말을 듣고서야 자신이 퇴궐하였음을 인지하고 있다는 점은 그가 자신이 조복을 입었는지 벗었는지 알지 못할 만큼 언제 어디서나 나라 일에 몰두하고 있었다는 뜻이다. 둘째, 자신이 막중한 책임을 진 영의정인지 알았다고 자각하는 말은 자신이 정승이라는 위치에서 임금의 아래에 있으면서 동시에 모든 사람의 위에 있으므로 만백성의 모범이 되어야 한다는 무거운 책임감을 느낀다는 뜻이다. 조복을 벗지 않은 황희의 행동은 위와 같은 숨은 의미를 가지고 있다는 점에서 비언어적 소통을 하고 있는 셈이다.

황희의 행동이 비언어적 소통을 하는 또 다른 일화를 살펴보자.

2) 굶주린 백성에게 새 삶을

황희가 강원도 관찰사로 자리를 옮겨 굶주린 백성을 구제할 때의 일이다. 강원도로 내려온 황희는 가슴이 아팠다. 백성들의 고생이 이만저만이 아니었기 때문이다

'**저렇게 고생하는 백성들을 놔 두고, 나 혼자 좋은 음식을 먹을 수는 없지**(속말=행동1, 2로 구체화—공감).'

황희는 **가난한 백성들과 똑같이 나물죽을 먹거나, 끼니를 거를 때도 있었다**(비언어적 소통—행동 1). 관원들이 황희를 걱정하였으나, 황희는 백성을 위

하여 두문동을 나온 초심을 생각하며 어려움을 극복하였다. 또한 당장 먹을 것이 없어 백성들이 굶어 죽어가자, 백성에게 먹일 음식을 구해 보려고 애를 썼다. 곡식이 모자라니 풀뿌리나 나무껍질이라도 구해 백성들이 굶어 죽는 것을 막아야 했다. 얼마 후, 황희는 **죽실반이라는 음식을 만들었다**(비언어적 소통—행동 2). 죽실반은 강원도에 많이 있는 대나무를 이용한 음식으로, 대나무의 연한 순을 넣어 밥을 짓는 것이다. 죽실반을 먹는 사람들이 차츰 늘어났고, 백성들은 점차 굶주림에서 벗어나게 되었다. 또 그 이후에는 농사지을 땅을 넓히도록 하였고, 농사짓는 법을 새로 가르쳐 주기도 하였다(장수황씨대전연지회, 1994: 172-173).

황희는 자신은 배불리 먹으면서 굶주린 백성들을 구제할 수는 없는 노릇이라고 생각하였고, 이러한 속말은 두 가지 행동으로 구체화되고 있다.

첫 번째 행동은 가난한 백성들과 똑같이 나물죽을 먹거나, 끼니를 거르는 일로 나타난다. 이는 굶주린 백성들에게 '얼마나 배가 고프고 힘이 드느냐'와 같은 말을 하는 것보다 굶주림의 과정에 동참하는 것이 백성들의 마음과 상황을 더 잘 이해하는 길이라는 판단에 따른 것이다. 백성의 마음과 상황을 잘 이해하기 위해 그들과 같은 방식으로 소통하려고 했다는 것은 바로 공감을 엿볼 수 있는 부분이기도 하다. 백성들의 입장에 서서 그들을 가장 잘 이해해 줄 수 있는 방법을 고민했기 때문이다. 황희의 이러한 행동은 백성을 사랑하고 이해하려는 황희의 위민사상의 표출이자 공감적 반응으로 보는 것이 적합하다.

두 번째 행동은 '죽실반'이라는 음식을 만들어 내는 일로 나타났는데, 굶주린 백성들은 지금 당장 허기진 배를 채워야 하는 입장이므로 뭔가 먹을 것을 만들어 내는 것이 가장 현실적이고 시급한 해결책일 것이다. 이러한 현실적인 문제 해결의 필요성을 절감한 황희는 급한 대로 풀뿌리와 나무껍질로 백성들의 목숨을 연명케 하다가 결국 죽실반이라는 음식을 만들어 냈다. '죽실반'은 단순한 밥이 아니요, 백성들의 굶주림을 면하게 하려는 황희의 수많은 시도와 실패 끝에 탄생된 피나는 노력의 최종 산물인 것이다. 이는 황희가 그동안 책과 경전을 읽으며 닦아온 풍부한 학식과 지식을 부국안민을 위해 유감없이 발휘한 사례라 할 것이다. 이러한 두 가지 행동은 백성을 사랑하고 아끼는 황희의 마음의 발로로서, 그 마음이 단지 '마음'이나 '말'이 아니라 구체적인 행동으로 구체화된, 다시 말하면 비언어적 소통으로 실천된 것이라고 말할 수 있다.

3) 종들을 자유롭게 풀어 주다

또 다른 일화를 통해서도 황희가 자신의 생각과 신념을 행동으로 구체화시켰음을 확인할 수 있다.

황희는 어릴 적 판쇠와 나누었던 **'높임 받는 새가 없는 것처럼, 사람도 귀하고 천한 사람이 따로 없다**(생각=행동 1, 2로 구체화—공감)'는 이야기를 잊지 않았다.

그래서 황희는 어느 날, **집에서 부리던 종들을 자유롭게 풀어 주었다**(비언어적 소통—행동 1). **모든 종은 깜짝 놀랐다**(결과 1). 그 속에는 판쇠도 끼어 있었다. 황희는 **판쇠의 등을 두드려 주었다**(비언어적 소통—행동 2). **판쇠는 눈물을 흘렸다**(결과 2)(장수황씨대전연지회, 1994: 88).

이 일화에서 알 수 있는 황희의 사람에 대한 신념은 모든 사람은 '평등'하다는 것이다. 황희는 어릴 적 판쇠와의 대화에서 모든 사람은 평등하다는 생각을 하였고 그것은 평생 동안 하나의 신념으로 지속되어 왔다. 그러한 신념은 판쇠의 입장과 마음을 헤아렸던 황희의 공감에서 비롯되었다.

실제 황희는 어릴 적 판쇠와의 대화에서 공감을 통하여 측은지심(惻隱至心)을 느끼고 종들에게 더 잘 대해 준 일이 있다. 그리고 이러한 황희의 신념은 결국 집에서 부리던 종들을 자유롭게 풀어 주는 행동으로 실현되고 있다. 그런데 황희는 아무 말도 하지 않고, 종들을 자유롭게 풀어 주는 비언어적인 행동만 하였을 뿐인데, 종들은 이 같은 황희의 행동에 깜짝 놀라고 있다. 평생 종의 신분으로만 살 줄 알았던 자신들이 자유로운 신분이 된다는 사실 앞에서 종들의 '놀라움'은 당연하다. 이것은 그들의 몸짓, 시선, 표정에 그대로 나타났다. 황희의 행동 속에는 '너희들은 이제 종이 아니다, 어디든지 가서 마음 놓고 열심히 살아라'라는 의미가 담겨 있는데, 바로 이 의미를 종들이 알아들었기 때문에 놀라는 표정을 지은 것이다.

이어 황희는 판쇠의 등을 두드려 주는 두 번째 행동을 하는데, 황희가 판쇠의 등을 두드려 주자 판쇠는 눈물을 흘린다. 이 역시 앞서 종들의 경우와 마찬가지로 황희의 행동 속에 어떤 의미가 담겨 있고 그 의미를 판쇠가 이해했기 때문으로 해석된다. 판쇠의 등을 두드리는 행동은 그동안 갖은 고생을 다 하고 살아온 판쇠의 노고와 고생에 대한 황희의 인정과 격려로서, 그 속에는 '그동안 우리 집 살림을 돌보느라 고생 많이 했네. 이제 자유롭게 살도록 하게.'라는 의미가 내포되어 있다. 따라서 판쇠의 눈물은 자신의 고생과 노고를 이해해 주고 이렇게 자유의 몸으로 살 수 있도록 만들어 준 것에 대한 고마움, 감개무량의 눈물이다. 판쇠 역시 언어적 표현이 아닌 '눈물'이라는 비언어적인 행동으로 답을 대신하고 있는 모습에서 이 순간 황희와 판쇠는 메시지를 비언어적으로 소통하고 있음을 알 수 있다.

4) 순이의 마음을 알아 주다

황희는 공감적 이해의 결과를 행동으로 소통하기도 하였다.

판쇠는 종에서 풀려난 후에도 계속 황희의 집 근처에 살면서 집안일을 돌보아 주었고, 훗날 세상을 떠났지만 그의 자손들은 황희의 집을 자주 드나들었다. 황희는 아이들을 무척 좋아하였는데, 아이들 중에는 판쇠의 손자와 손녀도 있었다. 어느 이른 봄날이었다.

"할아버지!"

밖에서 들리는 소리에 책을 보던 황희가 방문을 열었다.

"**옳지**(장단 맞추기 1), 순이로구나!"

순이는 판쇠의 손녀다. 순이는 손에 들었던 냉이 바구니를 내밀었다.

"**허허**(장단 맞추기 2), 이렇게 고마울 수가!"

황희는 냉이를 받아들고, 방문을 닫으려고 하였다. 그러나 순이는 가지 않고 황희의 얼굴을 빤히 쳐다보았다.

"**아니, 왜? 무슨 할 말이라도 있니?**(장단 맞추기 3)"

"돌아가신 우리 할아버지가 보고 싶어요."

황희는 순이의 얼굴을 내려다 보았다(행동 1–공감).

"우리 할아버지가 돌아가실 때 말씀하셨어요. 할아버지가 보고 싶을 땐 정승 할아버지를 보면 된다고요."

"그래서 내 얼굴을 보러 왔니?(공감을 활용한 상대방 말 완성해 주기)**"**

아이는 얼굴을 붉힌 채 고개만 끄덕였다.

"이렇게 귀여울 수가!(장단 맞추기 4)**"**

성큼 밖으로 나온 황희는 아이를 안아 주었다(행동 2)(장수황씨대전연의회,

1994: 264-265).

황희는 판쇠의 손녀 순이가 할아버지가 보고 싶다고 하자, 아무 말도 하지 않고 순이의 얼굴을 내려다 본다. 우리가 말로써 응대하지 않고 몸말만으로 대화하는 것이 훨씬 바람직하다고 생각될 때는 말하지 않고 오히려 침묵을 지키며 상대방의 이야기 속으로 그저 몰입해 들어가는 것이 가장 좋을 때가 있다. 게다가 응시는 응시하는 시간을 조절하여 감정의 강약을 전달할 수도 있다. 황희의 순간적인 응시와 침묵에는 할아버지를 그리워하는 순이의 마음이 어떤 것인지 읽어보고 싶은 황희의 감정과 순이의 이야기에 몰입하겠다는 황희의 의도가 표현된 것이다. 이는 순이가 그 뒤에 말한 '우리 할아버지가 돌아가실 때 말씀하셨어요. 할아버지가 보고 싶을 땐 정승 할아버지를 보면 된다구요.'라는 말 바로 다음에 황희가 공감을 활용하여 순이의 말 뒤에 숨겨진 '그래서 정승 할아버지 얼굴 보러 왔어요.'라는 말을 '그래서 내 얼굴을 보러 왔니?'라는 말로 대신 완성해서 표현해 주고 있는 것을 통해서 짐작할 수 있다. 순이가 하고 싶은 말을 완성해 준 것은 징단을 맞추며 순이의 마음을 잘 들어 주며 따라간 공간 때문에 가능했던 것이다. 황희가 응시와 침묵을 하며 할아버지를 그리워하는 순이의 마음을 공감적으로 이해했기에 순이가 표현하고자 한 문장을 완성시킬 수 있었다는 말이다.

이제 순이 마음을 공감하는 행동인 '응시와 침묵'은 황희의 두 번째 행동으로 이어지게 된다. 순이가 고개를 끄덕이며 자신을 보러 온 목적을 분명하게 전달하자, 황희는 주저 없이 성큼 밖으로 나와 순이를 안아주고 있다. 성큼 나왔다는 것은 아이에게 그만큼 적극적으로 반응했음을 뜻한다. 결국 황희는 할아버지를 향한 순이의 그리움에 공감을 해 주었을 뿐 아니라 성큼 나와 안아 주는 행동을 함으로써 비언어적으로 자신의 공감을 완성하고 있다.

7. 관 찰

황희는 비언어적 요소의 하나인 관찰을 소통 방법으로 활용하여 한 사람의 인생을 바꾸기도 하였다.

1) 나라의 큰 인물이 되어라

어느 날 황희의 친구가 사내 아이 한 명을 데리고 찾아왔다.

"오갈 데 없는 아이야. 집에 두고 종으로 쓰게."

"그래 고맙네. **무척 영리하게 생겼구면**(관찰 1)."

황희는 그 아이가 왠지 모르게 보통 아이들과는 다른 점이 있다는 것을 느꼈다. 그리하여 며칠 동안 그 아이의 **거동을 유심히 지켜 보았다**(관찰 2).

"**내 생각이 역시 옳았군**(속말 1)."

황희는 고개를 끄덕였다. 그 아이는 부지런하고 착실했으며, 예의 범절도 매우 밝았다. 잠시도 그냥 지내는 일이 없었고, 한 눈 파는 일도 없었다(관찰결과).

'그래, 늘 책을 가까이 하고, 눈빛도 맑고 부지런하니 **틀림없이 크게 될**

아이야(속말 2).'

황희는 흐뭇해했다.

어느 날, 황희가 그 아이를 불렀다.

"이 돈을 가지고 오늘 밤 안으로 내 집에서 떠나거라. **가서 열심히 공부하여 나라에 크게 쓰일 인물이 되거라**(기회 부여). 알았느냐?"

황희는 이렇게 말하고 어려운 살림에서 푼푼이 모아 둔 돈 얼마를 아이의 손에 건네주었다. 너무나 뜻밖의 일에 아이는 눈이 휘둥그레지며 머리를 조아렸다.

"쇤네는 종이옵니다. 어찌 저 같이 천한 아랫것에게 이 같은 큰 말씀을 내리시옵니까?"

"아니다. 본디 사람의 바탕은 평등한 것이니, 그런 생각은 말고 부지런히 학문을 익혀, 나라에 필요한 인물이 되도록 하여라."

황희는 아이를 잘 타이른 뒤 종의 신분에서 풀어 주고 내보냈다.

그로부터 10여 년이 지난 어느 날이었다.

황희는 과거의 감독을 맡은 시험관이 되어 시험장에 나와 있었다. 시험 결과가 발표되고, 곧이어 장원급제를 한 젊은이가 뛰어나와 황희 앞에 엎드렸다.

"대감마님!"

황희는 그 젊은이를 자세히 살펴보았다.

"아니!"

그 젊은이는 황희가 10여 년 전에 종의 신분에서 풀어 주었던 아이였다

(장수황씨대전연지회, 1994: 157-159).

관찰은 상대방의 표정, 몸짓, 어조에 나타나는 순간적이고 미묘한 변화를 인지하는 방법으로 상대방의 진정한 생각이나 감정을 알려 주는 중요한 소통의 요소라 할 수 있다. 원활한 소통을 위해 정확하게 관찰하는 일은 매우 중요하다. 황희는 바로 이 '관찰'을 통하여 종 아이의 남다른 점을 예리하고 섬세하게 파악했다. 그런데 종의 신분인 아이를 황희가 유심히 관찰했다는 것 자체에 주목할 필요가 있다.

첫 번째는 그 아이에게서 남다른 점이 있다 하더라도 종의 신분인 이상 그것을 크게 부각시키지 않거나 무심코 지나쳐 버리더라도 문제될 것이 없다. 그런데도 황희는 종 아이를 그 사람 자체로 보았고 그렇기 때문에 종 아이일지라도 남다른 점이 있다는 점에 큰 의미를 두고 관찰을 한 것이다. 여기에는 우리가 이룩한 업적이나 성취물들이 결국 우리 고유의 존재 가치와 큰 관련성이 없다는 전제가 깔려있다. 한 인간의 고유한 가치가 그 사람의 외부적인 조건들과 동일시 될 수는 없다. 예컨대, 내가 누구인가를 묻는다면 '나'는 박진아라고 이름 지어진 '고유한 가치를 지닌 인간'인 것이지, '나=초등학교 교사'가 아니라는 말이다. 황희는 아이를 종으로 본 것이 아니라, 고유의 가치를 가진 한 인간으로 보았기 때문에 아이에게서 남다른 점과 좋은 점을 발견할 수 있었다. 좋은 점을 발견하였을 뿐 아니라 더 나아가 그것을 발전시킬 수 있는 기회까지 주었다는 점에서 황희의 종 아이에 대한 관찰은 매우 인간중심적이다.

두 번째로 황희는 아이의 거동을 유심히 관찰하였다 '거동'은 몸을 움직이거나 그런 짓이나 태도를 말하는 것으로 황희는 사람의 속내와 생각은 겉으로 드러나는 거동을 통해서 알 수 있다고 판단하였다. 겉으로 드러난 거동을 잘 관찰하면 그 사람의 마음과 의도를 잘 파악할 수 있다고 본 것이다. 따라서 종 아이의 거동에 대한 황희의 관찰은 그 아이의 마음 안에서 나오는 인품과 됨됨이를 탐색하기 위한 시도였다고 하겠다. 황희가 자신의 관찰 1, 2에 따른 속말 1과 관찰결과에 따른 속말 2를 통하여 자신의 생각에 확신을 가지고 있음을 확인할 수 있는데, 이러한 속말, 즉 내면언어(inner speech)는 강한 자기지향성을 띠고 있어 자신의 행동을 스스로 통제하고 적절한 방향으로 나아가도록 기능하므로 사적이면서 동시에 강력한 힘을 지니고 있다. 그러므로 황희의 속말도 자신의 생각에 대한 확신인 것이며, 이 확신은 종 아이의 신분을 자유롭게 해 주어 새로운 길로 나아갈 수 있는 기회를 주는 구체적인 행동으로 나타나게 된다. 이 행동은 10년 뒤 종 아이가 과거시험에서 장원급제를 하는 결과로 연결되니, 결국 황희의 예리한 관찰은 한 사람의 운명까지도 바꾸어 놓은 셈이다.

황희의 예리하고 세심한 관찰력이 없었다면 아이는 자신의 능력을 묻어 둔 채, 그저 평생 종으로 살아야 했을 지도 모를 일이다. 황희의 '관찰'을 통한 비언어적 소통은 한 사람의 가능성과 장점을 파악하고 그것을 실현할 수 있도록 환경을 제공해 주는 인간적인 교육관이 나타난 소통이다.

이상에서 논의한 황희의 비언어적인 소통을 정리해 보면, 황희는 침묵으로 공감을 전달하고 대화상황을 현명하게 이끌거나 다른 사람을 대화의 장에 끌어들이는 소통방법을 활용하였다. 또 말 대신 행동으로 자신의 생각이나 공감적 이해를 표현하였고, 섬세한 관찰을 통해 한 사람의 인생을 바꾸는 계기를 만들기도 했다. 황희는 비언어적 의사소통 방법을 상황에 맞게 다양하게 활용하며 자신이 만나는 상대방과 원만한 소통관계를 유지해 나간 것이다.

제3부

태도 소통

여기에서 태도 소통은 상대방과의 관계에 임하는 태도를 말하는 것으로, 태도 자체가 소통의 한 방식임을 의미한다. 상담의 대가 로저스는 인간관계의 필요충분조건에서 상담의 효과를 결정짓는 것은 이론이나 기법이 아니라 상담자가 청담자를 대하는 태도라고 단언한다. 로저스는 그 필요충분조건의 핵심을 진정성, 무조건적 긍정적 존중, 공감이라고 보았는데, 황희 역시 소통을 할 때는 공감, 긍정성, 솔직함을 중요하게 여겼다.

8. 공감 소통

공감적 이해는 내가 마치 상대방이 된 것처럼 그의 입장에 서서 그의 마음을 있는 그대로 느끼고 반응해 주는 것을 말한다. 황희의 사려 깊은 지혜의 핵심에도 바로 상대방의 말 '잘 들어 주기'가 있다. 황희의 들어 주기에는 현대 상담학자들조차 칭찬을 아끼지 않을 만한 대화의 철학과 소통의 기술이 담겨 있다. 상대방의 마음을 잘 읽고 깊이 들으면서 대화를 전개하는 황희야말로 경청으로 소통하는 진정한 의미가 무엇인지를 우리에게 가르쳐 주는 소통의 달인이다(박성희, 2008). 이 글에서는 상대방의 입장이 되어 그 마음자리에서 느낄 법한 생각과 감정을 경청하고 한 걸음 더 나아가 경청한 바를 상대방에게 전달해 주는 과정을 포괄하는 것으로 공감 소통을 정의하고 이를 바탕으로 황희의 대화를 분석할 것이다.

황희가 말조심하기와 들어 주기의 중요성을 깨우치게 된 결정적인 계기는 젊은 시절 한 노인과의 나눈 대화에서 찾을 수 있다. 황희는 젊은 시절에 성품이 매우 강직하고 굳세어 대단히 엄정했다. 다음 일화를 살펴보자.

1) 어느 소가 일을 더 잘 하오

일찍이 암행어사가 되어 지방을 두루두루 순시하며 민정을 살피는 도중 한 늙은 농부가 두 마리의 소에 쟁기를 지워 밭을 가는 것을 보았다. 황희 정승은 농부에게 그 고을의 수령의 사람됨이 어떠한지 묻고 싶었으나 대놓고 물을 수는 없는 노릇이기에 말에서 내려 길가에 앉아 쉬고 있는 농부에게 넌지시 말을 건네었다.

"두 마리 소 가운데 어느 소가 일을 더 잘 하오?(질문)"

그러자 농부는 쟁기를 놓고 가까이 와서 공의 귀에 입을 대고 속삭였다(말조심·행동).

"왼쪽 누렁소가 일을 더 잘 합니다(대답 1 — 솔직함)."

"그런데 왜 귀에 대고 소곤거리시오?(반문 1)"

"짐승이라도 서로 비교되는 것은 싫어하지 않겠습니까?(대답 2 — 마음 헤아림)"

"아니 그럼, 저 미련한 소가 사람의 말을 알아듣기라도 한다는 것이오?(반문 2)"

"설령 저 놈들이 아무것도 모른다고 치더라도 사물을 대함에 있어 경솔해서는 안 됩니다. 저 놈들은 '이랴!'하면 가고 '워!'하면 멈추며, '이리!'하면 우측으로 '저리!'하면 좌측으로 향할 줄 아는데 어찌 저놈들이 사람의 말을 알아듣지 못한다고 단언할 수 있겠습니까?(대답 3 — 노인의 '마음'에 대한 철학)"

농부의 말을 들은 황희 정승은 숙연한 마음으로 스스로 반성하고 자리에서 일어나 말하였다.

"미물을 대하는 데도 이와 같아야 하거늘 하물며 사람은 어떠하겠소? 노

인의 말이 아니었다면 내가 경박함을 면치 못할 뻔 하였소. **앞으로 노인의 말을 약으로 삼아 주의하리라**(깨달음─'말조심의 중요성', '마음 헤아리기의 중요성')."

황희 정승이 한 평생 겸손하고 어질며 너그러운 마음을 가지게 된 것은 암행어사 때 깊이 깨달은 바가 있었기 때문이다(유몽인, 『어우야담(於于野談)』)(황대연, 2010: 17-18).

이들의 대화구조는 '질문 1─대답 1─반문 2─대답 2─반문 3─대답 3─깨달음'으로 흘러간다. 황희가 처음에 소 두 마리 중 어느 소가 일을 더 잘 하는지 궁금하여 질문을 하고 농부는 쟁기를 놓고 황희에게 가까이 다가와 귓속말로 누렁소가 일을 더 잘한다고 말한다. 이는 말이 속에 품은 마음을 밖으로 드러내는 행위일 뿐 아니라, 어떤 식으로든 말을 듣는 상대방에게 영향을 준다는 뜻을 포함하고 있다. 말에 담긴 이러한 힘을 알고 있는 노인은 행여나 소들이 자신의 말을 알아듣고 기분이 상하지 않을까 염려해서 귓속말을 하기에 이른 것이다.

우리는 노인에게서 소들의 마음을 '행동'으로 배려하고 있는 현자의 모습을 볼 수 있다. 말을 조심해야 한다는 사실을 노인은 행동으로 실천하고 있는 것이다. 그러자 황희는 노인이 왜 귓속말로 말을 하는지 의문이 들어 반문을 하는데, 이에 노인은 짐승이라도 서로 비교되는 것을 싫어하지 않겠느냐고 대답한다. 노인의 대답을 통해서 노인이 생각하는 말조심을 해야 하는 이유를 찾을 수 있는데, 짐승들도 서로 비교하는 말을 듣게 되면 기분이 나쁠 수 있고 마음이 상할 수 있다는 점 때문이다. 그럼에도 노인은 작은 목소리이기는 하지만 누렁소가 일을 더 잘한다는 말을 황희에게 하였다는 점에서, 말하는 법에 대한 귀중한 원리 하나를 여기에서 찾을 수 있다. 비교하고 평가하는 말처럼 상대방이 들으면 싫어할 말은 아예 입에 담지 않는 편이 좋으나, 어쩔 수 없이 말을 하게 될 경우라면 가능한 상대방의 귀에 들어가지 않도록 조심해야 한다는 것이다. 또 검정 소의 귀에는 비교하는 말이 들어가지 않았을지언정, 노인이 황희에게 그 사실을 말하였다는 점에서 '노인-황희' 두 사람 사이의 대화 관계 속에서 말하기의 기본 전제를 찾을 수 있다. 말을 할 때 일반적으로 지켜야 할 사항은 바로 솔직함이라는 것이다. '대화를 한다는 것 = 솔직함을 드러내는 것'이라는 말이다. 누렁소와 검정소 중에서 어떤 소가 일을 잘 하는지에 대한 황희의 물음에 노인은 대답을 않거나 '둘 다 잘 합니다.' 또는 '둘 다 못 합니다.'하고 거짓으로 둘러 댔어도 상관없었겠지만, 노인은 대화의 기본 전제를 솔직함이라고 보았기 때문에 이를 몸소 실천하기 위해 귓속말을 하게 된 것이다.

이번에는 노인의 입장에서 보자. 노인은 황희와 시작된 대화 관계에서 솔직해야 하는데 실상을 말하려고 보니 일 못하는 검정소의 마음을 헤아려야 했기 때문에 이 둘을 다 충족시키는 방법으로 '귓속말'을 선택할 수밖에 없었다. 노인에게 귓속말은 말을 할 때의 기본 전제인 '솔직함'과 말할 때의 원리인 '상대방의 마음 헤아리기' 둘 다를 고려하는 최선의 선택이었던 것이다. 솔직함은 대화에서 매우 중요한 요소다. 그 이유는 솔직할 때 소통을 하는 서로 간에 신뢰와 믿음이 생기기 때문이다. 오죽하면 솔직함을 지키기 어렵다면 차라리 침묵하는 것이 더 현명하다는 말이 있겠는가. 그만큼 대화를 하는 둘 간의 신뢰 관계를 구축하고 유지하기 위해서 솔직함은 꼭 필요하다.

그러나 노인이 말하기의 두 전제인 솔직함과 마음 헤아리기를 몸소 보여 주었음에도 황희는 짐승이 사람의 말을 알아듣기라도 하느냐며 조금은 어리석게 다시 반문하고 있다. 황희의 반문에 노인은 말 못하는 짐승일지라도 사람의 말을 알아듣듯이 행동하는데 못 알아듣는다고 어찌 단언할 수 있겠느냐며 짐승이라도 마음을 헤아려 대해야 한다고 다시 말하는데, 이는 노인의 마음에 대한 철학을 엿볼 수 있는 부분이다. 노인은 말을 하지 못하고, 또 사람의 말을 실제로 못 알아듣는다고 하여도 사람의 말대로 움직이고 행동하는 짐승들에게 마음이 없다고 단언할 수 없다 하였다. 사람의 말은 하지 못해도 사람의 뜻을 알아듣고 행동으로 따르는 것을 보면 소에게도 마음이 있다는 것이다. 검정소와 누렁소가 노인의 말에 따라 이리로 가라면 이리로 가고 저리로 가라면 저리로 가는 행동은 소에게도 마음이 있으며 그 마음에 무엇인가가 들어있다고 생각할 근거가 충분하다. 이를 바탕으로 '말 못하는 짐승이라도 사람의 말을 듣고 행동하는 것을 보면 어떤 마음을 가지고 있다고 상정할 수 있으므로 듣기 싫은 말을 하면 그 마음이 좋지 않을 것이다. 항상 상대의 마음을 헤아려서 말해야 한다.'는 노인의 주장은 설득력을 갖는다.

황희는 노인의 이와 같은 대답을 듣고서야 노인의 말조심 이면에 있는 '마음'에 대한 철학을 어렴풋이나마 짐작하고 드디어 깨달음을 얻는다. 노인은 짐승에게도 마음이 있음을 헤아려 말조심하였거늘, 하물며 인간관계에서라면 더욱 고려할 것이 바로 상대방의 마음이라는 것을 깨달은 것이다. 황희가 노인으로부터 '말'을 대하는 태도의 중요성을 깨달은 내용은 구체적으로 말조심은 마음 헤아리기이며, 미음 헤아리기는 잘 들어 주기라는 것이다. 말을 조심한다는 것은 상대방의 마음을 상하게 하거나 해가 되지 않도록 하기 위한 것으로 상대방의 마음을 제대로 읽어야 가능하며, 상대방의 마음을 잘 읽기 위해서는 그 사람의 말을 잘 들어야 한다. 결국 황희는 노인에게서 다음과 같은 중대한 말하기의 깨달음을 얻게 된다. 첫째, 말을 하게 될 경우는 솔직함을 전제로 할 것. 둘째, 솔직하게 말할 때는 반드시 상대방의 마음을 읽을 것. 셋째, 이를 위해 들어 주기를 잘 할 것. 노인의 말조심 행동을 통한 황희의 깨달음을 표로 나타내면 [그림 3-1]과 같다.

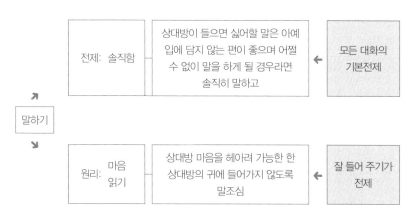

[그림 3-1] 노인의 말조심 행동을 통한 황희의 말하기의 깨달음

말하기 원리와 관련하여 박성희(2008)는 사람의 마음에 있는 내용을 잘 알아내기 위해서는 두 가지 방법을 쓸 수 있다 하였는데, 하나는 나의 마음을 지키면서 상대방으로부터 흘러나오는 다양한 방식에 주의를 기울이는 일이고, 다른 하나는 아예 저 사람의 마음으로 들어가서 마치 저 사람인 것처럼 보고, 느끼고, 생각하고, 행동해 보는 것이다. 전자를 보통의 이해라고 한다면, 후자는 공감적 이해라 하는데 노인의 경우는 후자의 공감적 이해에 가깝다. 공감적 이해를 잘 하려면 우선 자신의 마음을 비우고 상대방의 마음 안으로 들어가 열심히 거기서 나는 소리에 귀를 기울여야 하는데, 노

인의 행동은 이와 비슷하다. 비록 사람의 말을 하지 못하는 검정소이지만 검정소의 마음에서 울려나올 법한 소리에 귀를 기울여 주는 행동은 바로 공감적 이해인 것이다.

2) 머슴에게 고개 숙이다

밭 가는 농부로부터 큰 교훈을 얻은 황희는 이후에 모든 말과 행동에서 조심할 수 있었다. 또한 황희도 젊은 시절에는 오기와 패기를 지녔으나 나이가 들면서 너그럽고 인자한 재상으로 변모하였다. 노인과의 경험을 계기로 누구에게서든 배운다는 겸손한 자세로 열심히 배움에 임하였으며, 그러한 경험들을 자신의 말과 행동 변화의 기회로 삼은 것이다. 노인과의 만남은 황희가 구십 평생 심성 변화와 마음 수양을 하면서 만인의 재상에 오르기까지 부단히 노력할 수 있었던 결정적인 계기가 되었을 것이다.

황희의 이러한 깨달음은 어릴 적 대화 장면을 통해서도 알 수 있다. 황희와 친구들이 밤늦게 서당에서 공부를 하고 돌아오는 길이었다. 반대편 길에서 술에 취한 사람이 비틀거리며 걸어왔다. 옷차림으로 보아 다른 집 머슴 같았고, 아이들은 얼른 길을 비켜 주었으나 술 취한 머슴은 일부러 한 아이와 부딪혔다. 화가 난 아이는 "이봐, 앞이 안 보이는 거야?"하며 술 취한 머슴을 향해 큰 소리를 쳤다.

"뭐라고? 이 놈이 어른에게 감히 반말을 하네. **내 앞길을 막고 있던 게 누군데 그래?**(머슴의 논리 1)"

술 취한 머슴이 그 아이를 때리려고 달려들자, "길을 미처 비키지 못한 우리가 잘못했으니(공감 1) 이제 그만 해."라고 황희가 말하였다.

"허, 이놈 봐라. 사과 하는 건 좋은데, **너도 나에게 반말을 하고 있잖아!(머슴의 논리 2)**"

그러자 황희는 공손하게 허리를 숙이며 말하였다(공감을 행동으로).

"알겠소. 정식으로 사과할 테니 어서 가던 길이나 가시오(공감 2)."

머슴은 눈을 동그랗게 뜨고 한참을 황희를 바라보다가 웃으며(일체감, 승리감), "진작 그렇게 할 일이시. 내가 오늘 속상한 일이 있어서 누구든 걸리면 혼내 주려고 생각했었는데, **내가 이 아이를 봐서 참아 준다**(해결)."

꼼짝도 못하고 있던 아이들은 머슴이 가고 난 후에야 어른들께 이르자며 떠들어 댔다. 그러나 황희는 "얘들아, 내버려 두자. 저 사람의 옷차림 보니 남의 집 머슴 같아. 술 먹고 제정신이 아닌 사람을 벌주면 뭐하니? 아무 일도 일어나지 않았고, 그냥 우리가 참자."라고 하였다. 친구들은 황희의 말이 옳다고 고개를 끄덕였다(김재원, 2012: 25-30).

머슴은 술에 취한 채, 비틀비틀 길을 걸어오다가 황희의 친구와 일부러 부딪히며 성질을 낸다. 그러자 황희의 친구는 부딪힌 머슴에게 사회적 신분의 논리에 입각한 '양반—머슴' 관계로 머슴을 대하며 반말을 하였으며, 머슴은 '어른—아이'의 관계로 반말을 하는 아이를 혼내려고 한다.

머슴의 논리를 먼저 살펴보자. 첫째는 '내가 술에 취해 좀 부딪힌 것이다.'이며 둘째는 '내가 머슴 신분이나 너희 양반 자제들보다 나이가 많으므로 너희들은 나에게 반말을 하면 안 된다.'이다. 황희는 머슴이 화를 내는 이유와 관련하여 머슴의 첫 번째 논리를 재빨리 파악하였다. 누가 봐도 먼저 부딪힌 것은 머슴이었지만, 머슴은 자신이 가는 길을 아이들이 막고 있다는 억지를 부리고 있다.

공감적 이해를 위해서는 가장 먼저 상대방이 전개하는 논리가 무엇인지에 대한 이해가 이루어져야 하는데, 황희는 머슴의 논리가 겉으로 보기에는 말이 안 되지만 그 논리에 따라 자신들이 길을 미처 비키지 못했으니 잘못했다며 사과를 하고 있다. 그러나 황희의 공감적인 이해를 통한 사과에도 불구하고 머슴은 자신의 두 번째 논리를 주장하며 화를 낸다. 머슴의 두 번째 논리는 '내가 어른이니 나에게 존댓말을 써야 한다.'는 논리다. 오늘날에야 당연한 말일 수 있으나 신분사회의 규칙에 따르면 맞지 않는 논리로 보인다. 그러나 황희는 공손하게 허리를 숙이며 존댓말로 사과를 하였다. 머슴의 두 번째 논리에도 그대로 따라가 주며 공감적 행동과 표현을 해 준 것이다.

사람들이 전개하는 논리를 잘 살펴보면 그것의 옳고 그름과 상관없이 저마다 나름대로의 개성이 들어 있다. 자기 나름대로 독특하게 형성된 생각과 틀로 논리를 전개하는 것이다. 따라서 상대방이 전개하는 논리를 있는 그대로 존중하고 충실히 따라가 주는 것이 공감적 이해의 시작이 된다. 우리가 보기에는 엉뚱하고 맞지 않다고 생각되는 논리이지만 머슴의 입장에서는 당연한 논리일 수 있다. 황희는 머슴의 이 두 가지 논리를 그대로 따라가 주었으니, 공감적 이해를 하였다고 할 수 있다. 또한 공감은 상대방의 입장에서 그 마음을 이해하고 함께 느끼면서 결국 상대방에게 도움을 주는 행동으로 완성되는 것인데, 황희는 앞서 머슴의 두 번째 논리에서 허리를 숙여 공손한 행동을 보임으로써 머슴이 웃으며 자신의 논리를 철회하고 갈 길을 다시 가게 만들었으므로 황희의 공감은 공감의 완성 단계로까지 나아간 것이다.

그렇다면 황희는 어떻게 머슴이 펼치는 논리를 파악하고 그것에 대한 공감적 이해를 할 수 있었을까? 로저스는 공감을 의사소통의 기능이 아닌 하나의 태도라고 보았기 때문에 '공감 = 경청'이라는 생각을 하지 않았다. 즉, 잘 들어 주는 것만으로 공감이 저절로 완성되는 것은 아니라는 말이다. 공감적 이해는 경청에서 시작되지만, 경청하는 것을 넘어서 다른 사람과의 소통관계에서 기본적으로 전제가 되어야 하는 하나의 태도라는 것이다. 따라서 경청은 공감적 이해를 하기 위한 하나의 수단이자 시작이며 이에 더하여 공감적 태도가 덧붙여져야 한다. 황희는 시종일관 머슴의 하는 말을 잘 경청하여 머슴의 논리를 찾을 수 있었고, 여기에다 머슴의 논리에 맞게 따라가 주며 그것을 적절한 행동과 언어로 표현하는 태도를 보여 주었기 때문에 공감적 이해를 완성시킬 수 있었다.

황희의 공감적 이해는 결과적으로 머슴에게 순간의 따스함, 일체감으로 전달되어 웃음을 일으켰고 결국 아무 탈없이 자기 갈 길을 가도록 함으로써 문제를 해결하였다. 잘 경청하기는 온화하게 시선 맞추기, 안정된 자세와 상대방을 인정해 주는 반응, 들은 바를 요약하기, 상대방에게 의견을 묻고 질문하기 등의 행동으로 나타나는데 내 쪽에서 이런 태도를 보이게 되면 상대방은 자기가 존경받는다는 느낌을 받게 된다. 소통의 과정에서 상대방이 자기를 존중해 주고 우호적으로 대하고 있음을 느낄 때 거부반응을 보일 사람은 없다. 우리가 상대방을 존중하면 이내 기분이 좋아져 상대방은 우리의 이야기를 호의적이고 긍정적으로 검토할 확률이 커진다. 앞의 대화에서 머슴의 감정이 웃음으로, 그리고 고집을 피우는 행동을 철회하고 순순히 가던 길을 가는 행동으로 변화하는 과정이 충분히 이해된다.

이제 머슴 입장에서 생각해 보자. 머슴은 황희가 공감 2를 말한 후에 눈을 동그랗게 뜨고 한참동안 황희를 바라보았다. 이는 황희가 평소 다른 양반들처럼 자신을 무시하고 함부로 하는 것이 아니라 예상 밖의 존댓말과 존중해 주는 반응을 해서 놀랐다는 표현이다. 이런 놀라움은 곧 웃음으로 바뀌게 되는데, 자신의 말에 귀 기울여 주고 마음에 맞는 행동을 해 주자 머슴은 아마도 황희에게 따사로운 느낌 그리고 황희와 하나 된 듯한 일체감 내지는 순간적인 승리감을 맛보았을 것이다. 이러한 공감적 이해는 상대방으로 하여금 그가 원래 의도했던 목적을 달성하게 함으로써 소망을 성취하게 하거나 스스로 자기 논리의 모순을 깨닫고 그 논리를 포기하게 하는 결과를 낳는다. 황희는 머슴의 논리를 그대로 따라가 주며 공감해 주었을 뿐인데 그 결과 머슴은 문제 행동을 그만 두고 웃으며 갈 길을 다시 가게 되었다.

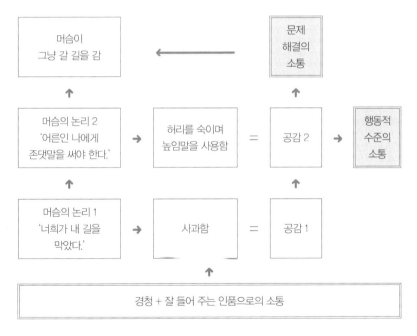

[그림 3-2] 황희의 공감적 소통의 의미 1

3) 네 말도 옳고, 네 말도 옳다

황희의 여유롭고 유연한 인품으로써의 공감적 이해의 소통은 다음의 대화를 통해서도 드러난다. 세종 임금 당시 맹사성이 좌의정으로, 황희가 영의정으로 있었을 때의 일이다. 어느 날 갑자기 밖이 떠들썩해졌다. 여종들이 다투고 있었다. 그래도 황희는 책만 읽었다. 싸우던 여종 하나가 황희가 있는 방으로 와서 눈물을 흘리며 억울함을 이야기했다.

"……그러니, 삼월이가 분명 잘못했지요?"

잠자코 듣고 있던(경청 1) 황희가 말했다.

"네 말이 옳다(공감 1)**."**

이번에는 다른 여종이 들어와서 **황희에게 고자질을 하였다**(경청 2).

"……분명 점례가 잘못한 것이지요?"

"네 말이 옳다(공감 2)**."**

두 여자 종은 멍하니 황희를 바라보았다. 모두 다 옳다니, 누가 그른지를 알 수가 없었다. 옆방에서 듣고 있던 부인이 문을 열고 들어서며 한 마디 하였다.

"아니, 대감. 세상에 그런 대답이 어디 있습니까."

황희는 **시치미를 떼며,**(경청 3)

"부인의 말도 **옳구려!**(공감 3)"

하고 말했다.

두 여종과 부인은 웃음을 터뜨렸다. 이윽고 황희가 말했다.

"자기가 옳다고 주장하니, 옳다고 대답할 수밖에 없지 않느냐? 이번에는 돌아가서 자기가 그른 점을 한 번 생각해 보아라(새로운 관점 제시)**."**

두 여자 종은 고개를 숙이고 물러갔다.

얼마 뒤에 한 여종이 황희를 찾아와서 말했다.

"제가 조금만 참았더라면 되었을 텐데……. 집안에서 큰 소리를 내어 죄송합니다. **제가 잘못했습니다**(해결 1)."

그러자 이번에는 다른 여종이 또 와서 말했다.

"아닙니다. 대감마님. **제가 잘못했습니다**(해결 2)."

황희는 껄껄 웃었다. 옆에 있던 부인이 말했다.

"대감, **제가 잘못했습니다**(해결 3). 저 아이들을 잘 가르치지 못해서, 큰 소리가 나게 했습니다."

"삼월이 말도 옳고, 점례의 말도 옳고, 부인의 말도 옳소(공감 4)**."**

나라 일은 옳고 그름을 철저히 따지는 황희였지만, 집안 사람에게는 이처럼 너그러웠다(장수황씨대전연지회, 1994: 108-109).

황희는 종들과 부인의 말을 잘 경청한 후 '네 말도 옳다'라는 네 마디의 공감적 표현으로 종들과 부인의 문제를 스스로 해결하게 만든다. 경청이 소통의 열쇠였던 셈이다. 황희는 이 대화에서 두 여종과 부인의 대화를 공감해 주기 전에 먼저 경청해 주었다. 상대방에게 예의를 갖추어 시선을 맞춘다든가 상대방의 비언어 또는 언어적인 요소에 귀 기울이며 주의를 기울이는 적극적인 경청은 아닌, 책을 읽으면서 그리고 시치미를 떼며 귀로만 듣고 있는 소극적 의미의 경청이다. 이것은 사소한 여종들의 싸움까지 한 집안의 어른이자 한 나라의 재상인 본인이 참견한다는 것이 대인군자로서의 체통을 지키는 데도 맞지 않을뿐더러 또 집안이 시끄러워질 수 있게 됨을 막기 위해 조용히 해결하기 위한 일환으로 생각된다. 그리고는 두 여종의 억울함과 속상한 마음을 헤아려 편을 들어 주며 '네 말이 옳다'라는 공감적인 표현을 해 준다. 상대방의 말을 우선 충분히 경청해 주며 공감적 이해를 해 주고 난 후에 자신의 입장을 밝히는 자세를 취하고 있는 것인데, 이는 두 여종에게는 누군가에게 자신이 이해받고 수용되었다는 것 자체만으로도 충분히 만족감과 문제 해결의 실마리를 줄 수 있는 기회가 되었을 것이다. 이들은 황희의 소극적 경청에도 불구하고 황희에게 하소연하면서 많은 것을 느꼈으리라 짐작할 수 있는데, 바로 묵묵히 그러나 열심히 귀 기울여 자신의 말을 들어 주는 주인의 태도, 자신이 이해받고 있음을 알게 하는 따스한 느낌 그리고 무언가 상대방과 자신이 하나가 된 것 같은 일체감 등을 맛보았을 것이라는 점이다(박성희, 2008). 두 여종은 단지 자신의 입장을 공감해 주고 인정해 주는 사람이 필요했던 것뿐이다.

인간은 다른 사람들과 한시도 동떨어져 살 수 없는 사회적 존재다. 우리는 수 없이 다양한 사람들과 어울리고 소통하며 서로의 욕구를 충족하고 살아나간다. 그 과정에서 서로가 원하는 바가 상대방에게 잘 전달되고 수용되면 기쁨과 행복, 만족감을 느끼지만, 무시되거나 유린당할 때는 좌절감과 불행을 경험한다. 누군가가 나를 알아줬다는 인정받는 느낌은 소외감과 좌절감을 극복하게 하고 문제를 해결할 수 있는 힘을 키워 준다. 황희는 바로 이 역할을 해 준 것이다. 두 여종 각각의 입장에서 느꼈을 법한 마음과 감정을 인정하고 수긍해 줌으로써 그들 스스로 문제를 해결할 수 있는 힘을 불어넣어 준 것이다. 인간관계에서 일어나는 대부분의 감정은 사건 자체 때문이 아니라 '마음'에서 비롯되는 것이므로 마음을 바꾸면 감정이 바뀌고, 바뀐 감정은 사람과 세상을 바꿀 수 있다. 갈등을 해결하고 사람의 마음을 얻어 원만한 대인관계를 이루는 데 공감이 가장 효과적인 무기가 될 수 있는 이유가 여기에 있다.

황희는 이렇게 공감하는 데서 끝내지 않고, '이번에는 그른 점도 생각해 보라'며 두 여종으로 하여금 다른 관점에서 자신들의 모습을 조망(眺望)하도록 기회를 주고 있다. 이는 두 여종이 자신들의 문제를 다른 각도에서 바라보도록 도와주어 스스로 문제의 의미나 가치를 발견하도록 하려는 의도에서다. 두 여종은 황희가 시시비비(是是非非)를 가려 줄 것을 기대했다가 그 기대에 맞는 황희의 공감 반응에 잠시 기분이 좋았었지만, 둘 다 맞다는 말에 멍해지며 지금까지 자기가 생각해 온 기본 틀에 심각한 충격을 받았을 것이다. 두 여종의 문제 해결방식은 항상 시시비비(是是非非)를 가리는 방법이었을 것이므로, '너도 옳고, 너도 옳다'는 황희의 새로운 방식은 이들에게 충격을 줌과 동시에 생각을 새롭게 전환할 것을 요구하는 계기가 된 것이다. 황희는 앞에서 두 여종의 마음을 먼저 공감해 주었고, 어느 정도 두 여종의 마음이 가라앉고 진정된 상황이 된 후에 다른 관점에서 바라보라는 요구를 함으로써 두 여종에게 큰 거부감 없이 변화의 물꼬를 터 주고 있다. 실제로 여종들은 황희의 요구에 순순히 대답하며 돌아간다. 앞에서 적극적 경청을 한 후 공감적 이해를 해 주는 것만으로도 충분히 상대방의 소외감을 없애고 스스로 문제 해결을 할 가능성을 높일 수 있다고 말했는데, 황희는 여기에서 한 걸음 더 나아가 좀 더 적극적인 소통을 이끌고 있다.

앞의 논리는 황희의 부인에 대해서도 똑같이 적용된다. 황희는 꼭 시시비비(是是非非)를 기려야 히고 혼을 내고 꾸짖는 방법으로만 문제기 해결되는 것이 아니라는 개방적인 관점을 부인에게 보여 주고 있다. 사람들의 갈등과 다툼을 다룰 때 그 문제를 직접 개입하지 않고도, 관련된 사람들의 말을 잘 들어 주고 공감하는 것 자체가 바로 해결책이 될 수 있다는 사실을 직접 증명해 보인 것이다. 만약 황희가 경청하는 자세를 포기하고 "그 종이 어떤 잘못을 했느냐?" 또는 "무엇이 네가 옳으냐?"라며 직접적으로 여종들에게 되물었다면 대화는 단절되고 두 여종 모두에게 패배감과 실망감을 안겨 주었을 것이다. 마찬가지로 부인에게도 "부인, 당신이 상관할 바가 아니니 신경 끄시오."라고 말했다면 부인의 자존심은 심하게 상처를 받고 남편을 원망하게 되었을 것이다. 황희의 소통방식은 당장 눈 앞에 보이는 작고 소소한 일에 대한 집착을 버리고 여유로운 태도로 선(先) 경청, 후(後) 공감을 하며 새로운 관점을 열어가는 방식으로 진행되었음을 확인할 수 있다.

이상에서 논의한 황희의 공감적 소통의 과정을 표로 나타내면 다음 페이지에 있는 [그림 3-3]과 같다.

황희의 공감적 소통은 또한 그 상대방의 마음가짐과 요구가 무엇인지 파악하고 그대로 인정해 주는 소통이다. 다음의 대화를 보자.

어느 날 이웃에 사는 사람이 황희 정승을 찾아왔다.

"오늘이 저의 아버지 제삿날인데 암소가 송아지를 낳았습니다. 그래도 제사를 지내는 것이 좋지 않겠습니까?(경청 1―제사를 지내고 싶어 하는 마음)**"**

"지내는 것이 좋겠네(공감 1).**"**하고 대답하였다.

얼마 뒤 또 다른 이웃 사람이 찾아와서 **"아버지 제삿날에 암소가 송아지를 낳았습니다. 그러니 제사를 안 지내는 것이 옳지 않습니까?**(경청 2―제사를 지내고 싶지 않은 마음)**"**하고 물었다. 그러자 황희는 **"안 지내는 것이 옳겠네**(공감 2).**"**하고 대답하였다.

그 사람이 돌아가고 난 뒤에 옆에 있던 부인이 황희 정승에게 물었다.

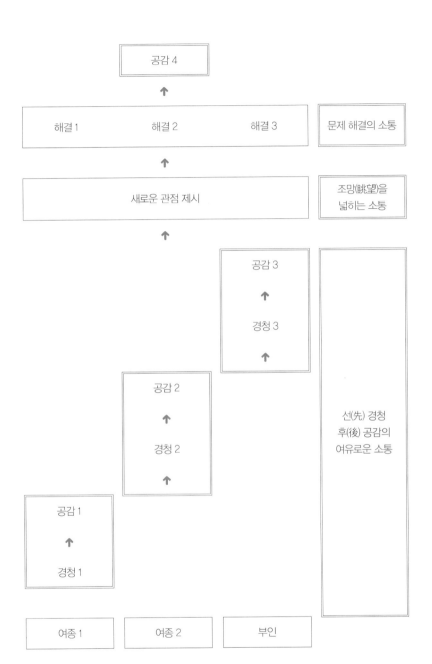

[그림 3-3] 황희의 공감적 소통의 의미 2

"똑같은 일인데 왜 한 사람에게는 지내는 것이 좋다 하고, 한 사람에게는 지내지 않는 것이 좋다 하시나요?(경청 3)"

"부인 말도 옳소(공감 3)."

황희 정승은 다음과 같이 설명하였다.

"앞 사람은 제사를 지내고 싶어 하니 지내는 것이 좋다고 대답했고, 나중 사람은 제사를 지내고자 하는 마음이 없으니 지내지 않는 것이 좋다고 대답한 것이오."

즉, 제사를 모시는 것은 각자의 마음가짐과 성의가 문제라고 말하였다 (『가전문헌』)(황대연, 2010: 216-217).

황희는 적극적 경청을 통해 각자의 의도와 마음을 읽고 그것을 그대로 표현해 주었다. 이는 황희의 사람을 대하는 기본적인 마음가짐이 상대방 위주라는 것을 짐작케 한다. 상대방의 마음이 어떠한가, 요구가 무엇인가를 먼저 파악하고 이를 반영하는 대화를 하는 것이다. 사람이 겉으로 표현하는 말은 그 사람의 속내인 마음이 자연스럽게 드러난 것이기 때문이다. 예컨대, '물이 반이나 남았네'와 '물이 반 밖에 안 남았네'라는 진술은 같은 현상을 두고도 말 하는 사람의 의도가 전혀 다르게 반영된 표현이다. 따라서 상대방의 마음을 이해하려면 상대방이 말을 할 때 그 말을 왜 하는지에 대한 이유와 그 말을 통해 만족시키려는 욕구가 무엇인지에 주의를 기울여 들어야 한다. 이렇게 경청하기 시작하면 해결책을 찾는 일은 시간 문제다. 데일 카네기는 '어떠한 칭찬의 말에도 넘어가지 않는 사람조차 자신의 말에 귀 기울여 주는 사람에게는 넘어간다.'고 하였으며 잭 웰치는 '진정한 커뮤니케이션이란, 말하는 것이 아니라 듣기'라고 말하여 경청의 중요성을 역설한 바 있다. 황희는 이 대화에서 말하는 이들의 마음가짐에 초점을 맞추었고, 말하는 사람의 의도를 파악하여 그대로 하라고 했을 뿐이다. 상대방의 지지자, 공감자가 되어 확신을 심어 주는 역할을 한 것이다. 문제 해결방법은 이미 각자가 가지고 있었던 것이며 그들은 단지 자신들의 해결책에 확신을 심어줄 지지와 격려가 필요했을 따름이다. 사람은 누구나 자신의 삶을 바라보는 일정한 논리와 틀이 있으며 자신의 틀에 맞는 의도와 생각대로 하려는 자율적인 성향을 가지고 있다. 유기체로서 자신에게 내재된 모든 능력을 표현하고 활성화하려는 선천적인 욕망이 있다는 것이다. 따라서 각자의 마음가짐과 의지대로 할 수 있게 도와주는 것이 바람직한데, 이것이 바로 '황희 정승 소통하듯이 하는 방식'이다.

경청과 관련하여 한 가지 더 생각해야 할 점이 있는데, 바로 말하는 사람이 처해 있는 상황이다. 말하는 사람이 편안하고 자유로운 상황에 있다면 자발적이고 솔직하게 말할 수 있을 테지만, 상황 자체가 억압적이거나 불편하다면 자신의 마음을 있는 그대로 솔직하게 표현하지 못할 수 있다. 편하게 말할 수 있는 환경을 제공하는 것이 얼마나 중요한지를 알게 해 주는 다음 일화를 보자.

4) 억울한 자들이 많겠구나

하루는 선생이 입궐한 사이에 부인이 선생에게 드리기 위해 배 몇 개를 시렁 위에 얹어 두고 친정에 갔다. 그날따라 선생이 일찍 퇴궐해 내실에 조용히 앉아 있었는데 시렁 위에서 쥐가 자꾸 들락날락하면서 그 배를 훔쳐 가려고 했다. 그런데 배가 둥글고 미끄럽고 커서 입으로 물어가지 못하고 있었다. 이윽고 다른 한 마리가 나타나자, 한 마리가 배를 안은 채 벌렁 드러눕고 다른 한 마리는 배를 안고 있는 쥐를 물고 질질 끌어 구멍 속으로 들어갔다. 이런 방법으로 배를 몽땅 훔쳐가는 것이었다. 얼마 뒤에 부인이 들어와서 배를 찾았으나 한 개도 없어 선생에게 물어 보았으나 선생은 모르는 척 했다. 그러자 부인은 집을 보았던 어린 노비를 추궁하였다. 어린 노비가 모른다고 하자 부인이 회초리로 때리니 겨우 두어 대를 맞고는 그만 자기가 먹었다고 거짓 자백을 하는 것이었다. 선생은 이 광경을 보고 내심 탄식하고는 며칠 뒤 조정에서 그 일을 이야기하고 "지금 국내에도 이렇게 애매한 형을 받은 자가 많을 것입니다."하고 아뢰었다.

왕은 이 제안을 받아들여 오랫동안 감옥에 갇혀 있던 죄수들에게 사면령을 내렸다고 한다(황영선, 1998: 181).

매를 드니까 어린 노비가 자신이 먹지 않은 배를 먹었다고 거짓 자백하는 상황을 보면 말을 솔직하게 하는 데 있어서 편안한 분위기와 상황이 얼마나 중요한지 알 수 있다. 대화의 내용을 들어 보면 동등한 힘을 가지는 관계인지, 우열이 존재하는 관계인지를 알 수 있는데, 우열이 존재하는 관계에서는 상대적으로 힘이 강한 사람이 의사결정권을 가지고 있다. 말을 주고받는 모든 인간관계, 즉 상사와 부하, 교사와 학생, 부모와 자녀 관계에서는 이 같은 힘의 관계가 다 적용되므로 소통을 할 때는 항상 상대방이 놓인 상황과 위치를 고려해야 한다. 진정한 경청은 자기가 듣고 싶은 것만 듣는 것이 아니라 상대의 상황이나 환경, 그가 처해 있는 문화를 총체적으로 고려하며 상대방 중심으로 이해하는 것이다.

이상에서 논의한 황희의 공감적 소통의 의미는 [그림 3-4]와 같다.

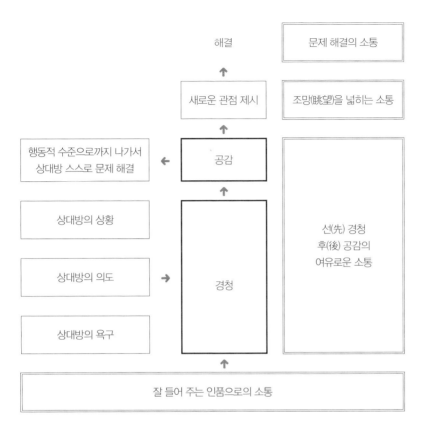

해결

| 문제 해결의 소통 |

새로운 관점 제시

| 조망(眺望)을 넓히는 소통 |

행동적 수준으로까지 나가서
상대방 스스로 문제 해결

← 공감

상대방의 상황

상대방의 의도 → 경청

상대방의 욕구

선(先) 경청
후(後) 공감의
여유로운 소통

잘 들어 주는 인품으로의 소통

[그림 3-4] 황희의 공감적 소통의 의미 3

9. 긍정 소통

긍정적으로 생각한다는 것은 어떤 상황에 놓였을 때 좋은 생각을 하는 것을 의미한다. 좋은 생각은 쉽게 말해 마음을 편안하게 하는 생각이다. 그러나 편안한 마음으로 세상을 살아가는 것은 생각처럼 쉽지 않기 때문에 우리는 삶을 긍정적으로 대하려는 의도적인 노력을 해야 한다. 여기에서 말하는 '삶을 긍정적으로 대한다'는 말은 삶에서 일어나는 모든 일에서 좋은 점, 바람직한 점, 보다 나은 점을 찾는다는 말이다. 대표적인 행복 연구가 소냐 류보머스키(Sonja Lyubomirsky)는 "평생 만족스러운 삶을 살고 싶다면 수시로 자신에 대해 긍정적으로 생각하고 행복한 사건들을 타인과 공유하며 인생의 모든 긍정적인 경험을 만끽해야 한다."고 말한다. 반면, 부정적인 생각과 말은 강력한 힘을 가지고 있어서 단 한 번의 표현으로도 상대방에게 스트레스와 긴장을 주게 되고 이는 서로 간의 불신과 부조화로 이어져 소통의 단절로 이어지게 된다. 우리의 긍정성 또는 부정성은 우리가 어떤 생각과 언어를 선택하느냐에 달려있다. 우리가 하는 생각과 내뱉는 말은 뇌 속의 다양한 신경 기능에 크게 영향을 미친다. 따라서 긍정적인 생각과 말로 뇌의 신경 기능을 단련시키면 대인관계나 일상생활의 소통문제를 쉽게 해결할 수 있는 역량을 갖게 되지만, 부정적인 생각과 말을 자주하게 되면 뇌의 신경 기능이 취약해져서 여러 가지 문제를 일으키게 된다.

황희는 말과 생각이 우리 감정과 삶의 방향을 결정하는 엄청난 힘을 가지고 있다는 사실을 알고 있었다. 그는 자신이 놓인 상황에서 긍정적인 요소를 선택하여 그것을 자기 삶의 좋은 방향으로 활용하였을 뿐 아니라, 그 긍정적인 에너지를 주변 사람들에게도 전하여 바람직한 인간관계를 만들어나갔다. 이 글에서는 동일한 상황을 긍정적인 관점에서 바라봄으로써 상대방과 자신 모두에게 좋은 감정을 가져오는 소통을 긍정 소통이라고 정의할 것이다. 황희를 중심으로 전개되는 다음 대화에서 우리는 긍정성이 상호성을 유지하며 선순환해 가는 과정을 살펴볼 수 있을 것이다.

1) 긍정 소통, 생각의 전환

황희는 부모님의 가르침에 따라 집에 있는 하인들과도 늘 가깝게 지냈다. 그중 황희 또래인 '먹보'라는 하인이 있었는데, 먹보는 부모님이 일할 때 동생을 자주 업어 주었다. 그런데 먹보가 동생을 업고서 황희 방 앞으로만 가면 아기는 울음을 그쳤다. 황희의 책 읽는 소리가 마치 자장가 소리처럼 들렸기 때문이다. 그러던 어느 날 먹보의 아버지인 박 서방은 이 모습을 보고, 먹보를 야단치며 도련님 글공부에 방해가 되면 안 된다면서 다시는 황희의 방 앞에 얼씬거리지 않도록 혼을 냈다.

황희는 한동안 보이지 않는 먹보가 궁금하여 바람도 쐴 겸 먹보의 방 쪽으로 걸어갔다.

"먹보야, **왜 밖으로 나오질 않니?**(질문)"

"아, 도련님이시군요. 아버지가 도련님 공부하시는 데 방해된다고 가지 말라(대답)고 하셨어요."

"나는 괜찮다. 그러니 언제든지 동생을 업고 오너라(배려).**"**

먹보는 다음날부터 다시 아기를 업고 황희 방 앞으로 갔다. 그 때 산에서 나무를 해서 내려오던 박 서방이 먹보를 보고

"아니, 이 놈아. **그렇게 일렀는데도 말을 안 듣는 거냐**(먹보를 꾸중).**"**하며 야단을 쳤다. 그러자 황희는 "여보게, 박 서방! 내가 오라고 했으니 혼내지 말게. 나는 아이가 울어도 괜찮아. 오히려 **아기 우는 소리보다 더 큰 소리로 책을 읽을 수 있으니 공부에 도움이 되네**(긍정적인 생각으로 전환).**"라고 말하였다. 박 서방은 부끄럽고 죄송스러워 고개를 못 들었다.

다음날 먹보가 보이지 않자, 황희는 먹보의 방 쪽으로 다시 갔다. 그 때 방 안에서 박 서방 부부의 목소리가 흘러 나왔다.

"우리 도련님은 마음이 참 넓으세요. 다른 집 도련님들 같으면 아기가 운다고 짜증을 냈을 텐데, **아기를 데려와도 된다니 얼마나 훌륭한 분이세요?**(존경, 존중)**"

"우리 도련님은 앞으로 큰 인물이 되실 거요. 우리 때문에 방해되지 않도록 앞으로 더 신경을 씁시다(협력, 우호).**"**

"도련님이 과거 시험에서 장원급제하시면 좋겠어요(공감).**"**

황희는 먹보 부모님의 말을 들으며 생각했다.

'마음씨가 참 고운 사람들이구나. 하인들도 똑같은 사람인데, 양반들이 늘 무시하는 게 문제야(속말—긍정적).**'**

황희는 다른 양반과는 달리 하인들을 깔보지 않고 잘 대해 주었다(김재원, 2012: 37~42).

앞의 대화에서 알 수 있듯이 먹보는 부모님이 일하시는 동안 어린 동생이 울면 업고 돌봐 준다. 그런데 먹보가 황희의 방 앞으로 지나가기만 하면 아기가 울음을 뚝 그친다. 황희의 글공부 소리가 자장가처럼 들리기 때문이다. 그러나 박 서방이 이를 보고 먹보를 나무라며 황희의 글공부에 방해가 될까 황희의 방 근처에 얼씬도 하지 못하게 한다. 며칠 먹보의 모습이 보이지 않자 황희는 궁금해하며 직접 먹보를 찾아간다. 황희의 호기심 어린 질문에 먹보는 솔직한 이유를 털어놓는데, 황희는 오히려 먹보를 도와주려는 마음으로 자신의 방 앞으로 계속 오도록 배려해 주고 있다. 여기에서 배려는 먹보와 먹보의 동생, 이 둘에 대한 배려를 의미한다.

첫 번째, 먹보에 대한 배려다. 아버지, 어머니가 일하시는 동안 어린 동생이 울면 먹보 입장에서 딱히 해 줄만한 것도 없고, 그저 업어서 어르고 달래 주며 울음을 그치게 하는 방법을 시도할 뿐이다. 우니까 울음을 그치게 하려는 시도를 하는 것이다. 박성희(2010)는 생각에 변화를 줌으로써 기분을 바꾸는 전략은 크게 세 가지 차원으로 나누어 볼 수 있다고 하였다. 첫째, 어떤 상황을 맞이하였을 때 지금까지 해 온 생각과 동일한 차원의 생각을 하되 합리성을 보충하고, 현실성과 객관성을 높이고, 논리를 정교화하는 방식으로 기분을 바꾸는 전략이다. 둘째, 지금까지 해 온 생각과 차원이 다른 논리를 동원하여 상황을 바라보는 시각이나 관점, 입장에 변화를 일으키는 전략이다. 생각의 틀에 변형을 일으킴으로써 입장의 변화를 일으키는 전략인 것이다. 셋째, 생각으로 문제를 해결하려는 차원을 넘어서서 존재의 본질에 직접 다가서려는 전략이다. '나'를 비롯하여 존재하는 모든 것의 본질적인 의미와 가치를 찾으려는 노력 속에서 생각이나 기분의 세계를 성큼 넘어서는 경지를 추구하는 것이다.

이 세 가지 차원에서 먹보의 문제 해결을 살펴보자. 아기는 공교롭게도 글공부 소리가 나는 황희의 방 앞에만 가면 울음을 멈추었으니, 먹보 입장에서는 아기가 울 때 울음을 그치는 방법을 나름 터득한 것이며 동일차원 안에서 현실성과 합리성을 고려하여 문제를 해결하려는 1차원적인 변화를 시도했다고 볼 수 있다. 종일 우는 아기를 업고 다니는 것도 이만저만 힘든 일이 아닐 터인데, 하필 황희 방 앞에만 지나가면 동생이 울음을 그치니 먹보로써는 내심 황희의 글 읽는 소리가 들리는 방 앞에 가고 싶은 마음이 컸을 것이라 짐작된다. 상대방을 배려할 때는 내 입장이 아니라 상대방 입장에서 정말 필요한 도움이 뭔지 헤아려야 하는데, 황희는 먹보가 원하는 것, 요구하는 것이 무엇인지 공감을 통해 정확하게 짚어내고 그것을 배려하는 마음으로 먹보를 계속 오게 하고 있다. 여기에서 먹보에 대한 황희의 배려는 1차원적 변화의 시도라고 할 수 있다. '나는 괜찮다'라는 표현은 사실 아기가 울고 시끄럽지만 내가 좀 참으면 되니 괜찮다는 의미로 받아들여질 수 있기 때문에 1차원 내의 변화로 보는 것이 적합할 것이다. 더구나 앞과 뒤의 문맥에서 추측할만한 내용이 없기 때문에 '나는 괜찮아'라는 표현만 가지고는 '아기가 울어서 내 공부에 방해가 되지만, 내가 좀 참으면 되니 괜찮아'라는 식으로 생각할 가능성이 크다. 이 부분은 뒤에 나오는 박 서방과의 대화를 통해 사실은 1차원이 아니라 2차원적 변화였다는 것이 밝혀진다.

두 번째, 우는 아기에 대한 배려다. 아이의 울음은 나를 봐달라는 하나의 신호이면서 동시에 자신이 이해받고 있음을 증명할 수 있는 하나의 수단이다. 아기가 계속 울도록 내버려 둔다면 아기는 사회적 자아 형성을 위해 필요한 타인의 공감과 이해를 충분히 제공받지 못한 것으로 볼 수 있다. 그러나 박 서방 부부는 일이 바빠 우는 어린 자식을 달래주고 귀 기울여 줄 만큼의 여유가 없다. 아마도 아기의 욕구는 좌절되고, 불편한 심리 상태가 계속 이어진다. 이런 상황에서 황희의 글공부하는 소리는, 아기의 입장에서 본다면, 자신이 울음으로 보낸 어떤 감정과 생각의 신호에 대한 하나의 이해 반응이자 적절한 반영으로 지각될 수 있다. 황희는 우는 아기의 욕구가 무엇인지 정확히 알지는 못했지만, 결과적으로 울음을 그치게 하여 아기에게 편안한 심리상태를 만들어 준 셈이다. 이런 점에서 황희의 반응은 아이에 대한 배려라고 해석할 여지가 충분하다.

황희의 배려에 먹보는 다음날 동생을 업고 황희의 방 앞으로 가는데, 결국 박 서방에게 걸려 꾸중을 다시 듣게 된다. 그러자 황희는 내가 오라고 했으니 혼내지 말라고 한다. 그리고는 의아해 하는 박 서방에게 이유를 설명해 주고 있는데, 여기에서 아이가 시끄럽게 우는 것 자체를 참거나 견디는 방식이 아니라 전혀 새로운 접근으로 문제를 해결하고 있다. 아이가 울어 시끄러운 상황에서 1차원의 변화라면 아이가 울지 못하게 한다거나, 울음소리가 들리지 않는 곳으로 공부 장소를 옮긴다거나, 아이가 울지만 참고 견디며 그냥 공부한다거나 하는 식의 방법들을 생각할 수 있을 것이다. 그러나 이것은 긍정적인 의미라고 말할 수 없다. 울음소리가 들리지 않는 곳으로 옮기는 것이나 아이가 울지 못하게 하는 것, 참는 것은 모두 아기의 울음소리가 공부에 방해가 된다는 부정적인 의미에서 생각해 낸 방법들이기 때문이다. 예컨대, 괜찮다고 말하고 울음소리를 꾹 참고 책을 읽는다 해두 그것은 계속 신경 쓰이는 일이 될 것이며 '울음소리'가 공부하는 데 방해되는 소음이라는 의미는 여전하다는 점에서 긍정적으로 받아들여진 것이 아니다. 황희는 여기에서 한 단계 더 높은 수준의 의식 상태로 전환하여 새로운 관점으로 문제를 해결하고 있는데, 이는 상황을 긍정적으로 바라볼 때에만 가능한 것이다. 아이가 울어 시끄러운 상황 그 자체를 자신에게 긍정적인 의미로 받아들이는 것이므로 종전과 전혀 다른 차원의 문제 해결이라고 할 수 있다.

이것은 박성희가 말한 2차적인 전략, 그러니까 지금까지 해 온 생각과 차원이 다른 논리를 동원하여 상황을 바라보는 시각, 관점, 입장에 변화를 일으키는 전략이라고 말할 수 있다. 아기가 울면 그만큼 자신이 더 큰 소리로 책을 읽으니 공부에 도움이 된다는 말은 아기가 울면 울수록 자신이 더 열심히 공부에 임할 수 있다는 말과 같기 때문이다. 같은 상황이지만 생각의 전환, 발상의 전환으로 전혀 다른 기분과 마음가짐이 만들어진 것이다.

앞에서 논의한 황희의 긍정 소통을 정리하면 [그림 3-5]와 같다.

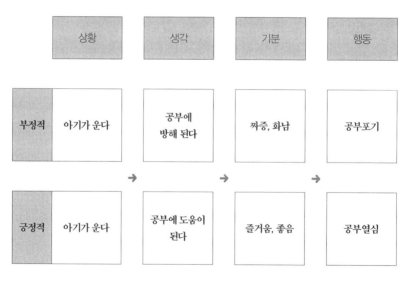

[그림 3-5] 황희의 긍정 소통의 의미 1(2차원의 변화)

문제 상황을 긍정의 관점에서 바라보고 오히려 상대방에게 도움을 주는 상황으로 바꿔 버린 황희 앞에서 박 서방은 따뜻함과 고마움을 느꼈을 것이다. 아울러 박서방은 아기의 울음소리가 그저 방해가 될 것이라는 자신의 생각과 전혀 다른 차원의 생각을 접한 후 순간적인 통찰(insight)이 일어나는 일종의 지적 경험을 했을 것이다. 황희의 긍정소통은 결국 박 서방 부부로 하여금 존중과 협력의 마음을 불러일으키도록 만들었다. 박 서방 부부가 몰래 하는 대화를 보면 박 서방 부부는 황희의 배려와 긍정적인 생각에 감사와 협력, 그리고 진심어린 존중의 마음을 표현하고 있다. 게다가 황희 역시 박 서방 부부가 몰래 하는 말을 듣고 박 서방 부부를 칭찬하는 속말을 하고 있다는 점에서 이들 사이에는 이미 긍정의 공감대가 형성되어 있는 것이다. 황희의 따뜻한 말과 배려는 바로 연민이자 공동체감이다. 이러한 공동체감은 박 서방 부부에게까지 확산되어 공감과 긍정의 에너지가 어우러지는 대화관계를 형성했다. 황희의 배려에 박 서방 부부는 황희에게 공감과 협력, 그리고 존중이라는 긍정적 에너지를 보내고, 그 에너지는 다시 황희의 감사함으로 그리고 황희로 하여금 하인들을 깔보지 않고 더욱 잘 대해 주는 태도로 일종의 선순환을 이루며 지속적으로 이어지고 있다. 대화의 문맥으로 볼 때, 황희는 그 이후 박 서방 부부에게 더 잘 대해 주었을 것이며, 그러한 황희의 모습에 박 서방 부부 역시 더욱더 황희를 존경하고 따랐을 것이다. 지금까지 논의한 긍정 소통을 [그림 3-6]으로 나타낼 수 있다

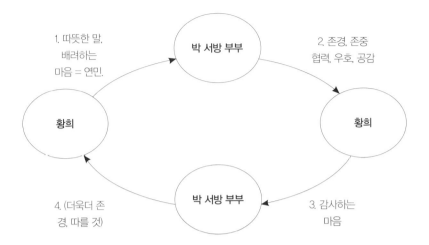

[그림 3-6] 황희의 긍정 소통의 의미 2(긍정의 공감대 형성을 통한 긍정소통의 순환)

황희의 공감대 형성을 통한 긍정 소통은 다음 대화에서도 찾을 수 있다.

2) 나라에 경사가 났네

추운 겨울날, 어느 판서가 상의할 것이 있던 차 동료 판서의 집을 방문하였는데, 동료 판서가 호피 가죽을 깔고 앉아 있었다. 원래 호피는 왕만이 깔게 되어 있었다. 찾아 간 판서가 국법의 위반과 사치를 지적하자 주인은 후회하며 용서를 구할 생각으로 황 정승을 찾아 갔는데, 마침 잘못을 지적해 주었던 판서도 황 정승을 찾아와 있었다. 호피의 주인 판서는 자신이 호피 가죽을 깔고 있던 전후 사정을 설명하고 용서를 빌자 황 정승은 두 장본인을 바라보고 웃으면서 **"나라에 두 가지 경사가 났네**(긍정적 생각).**"라고 하였다.**

"아니, 그게 무슨 말씀이신지요?(질문)"

"첫째는 사과할 줄 아는 신하를 가진 것과, 둘째는 부정한 처사를 상부에 보고하여 시정케 하는 신하가 있기 때문일세(이유)."라고 말하였다(황영선, 1998: 105).

앞의 대화에서 황희는 합당한 근거를 제시하여 말할 뿐만 아니라, 상황을 긍정적으로 바라보며 문제를 해결하였다. 두 판서의 입장에서 이 문제를 생각해 보면, 먼저 호피 가죽을 본 판서는 이 사실을 어서 황 정승에게 가서 고해 동료 판서를 벌하게 하여 시정조치를 취하고자 하는 마음이 컸을 것이다. 호피 가죽이 있는 것을 보자마자, 동료 판서에게 잘못을 지적하며 곧바로 황 정승에게 달려간 행동으로 짐작할 수 있다. 호피 가죽을 가진 판서의 입장에서는 동료 판서의 지적으로 잘못된 것을 깨닫고 뒤에 닥칠 후환이 두려운 나머지 이를 해결하기 위해 곧장 황 정승에게로 달려간다. 여기에는 크게 세 가지 상황이 맞물려 있다.

첫째, 동료 판서의 문제 상황(호피 가죽을 가진 판서의 문제를 지적하고 처벌해야 함), 둘째, 호피 가죽을 가진 판서의 문제 상황(잘못을 했으니 용서를 빌고 더 큰 불상사를 막아야 함), 그리고 셋째, 이 두 상황을 동시에 전달받은 황희의 상황이다. 앞의 두 상황은 상반된 상황이다. 동료 판서의 문제를 해결해 주려면 나머지 판서는 벌줘야 하며, 호피 가죽을 가진 판서의 문제를 해결해 주면 나머지 판서의 상황은 무시하는 꼴이 되기 때문이다. 이 순간 황희는 긍정적인 생각을 통하여 문제에 접근하는 관점을 바꾸어 버린다.

우리는 흔히 문제가 생기면 어떤 조치를 취해야만 해결할 수 있을 것이라고 생각한다. 바로 1차원적 접근의 해결법이다. 두 판서의 문제 해결방식도 기존의 1차원적인 수준이라 할 수 있는데, 이는 황희가 '경사가 났네'라는 말을 하였을 때 그 의미를 전혀 이해하지 못하고 질문하는 모습을 통해 추측할 수 있다. 황희는 그들의 요구를 들어 주는 방향이 아니라 문제 상황 1, 2를 바라보는 생각 자체를 바꿈으로써 문제를 해결하였다. 스스로 행동을 취하지 않으면서 또 두 판서 모두에게 아무런 해도 돌아가지 않은 채 그들 스스로가 깨달음과 반성의 기회를 가질 수 있도록 현명하게 문제를 해결하고 있는 것이다. 황희는 두 판서의 상황을 접한 후, 긍정적인 생각을 통해 이미 문제를 바라보는 틀을 바꾸었기 때문에 첫 대화에서 '나라에 경사가 났다'는 말을 바로 할 수 있었다. 그리고 이 말로 경사로운 일을 한 업적의 주인공들로 두 판사를 추켜세움으로써 그들의 행동에 긍정성을 부여해 주고 있다.

대화를 할 때 첫 말을 어떻게 시작하는가는 매우 중요하다. 첫 말이 대화 전체의 분위기를 결정하기 때문이다. 특히 첫 말이 칭찬이나 격려로 시작되면 상대방은 좋은 기분과 우호적인 태도로 대화에 임하게 된다. 황희의 긍정 소통은 칭찬으로 시작해서 대화 분위기 전체를 우호적으로 바꾸어 놓았다. 황희가 판서들을 칭찬한 것은 두 판서의 행동에서 긍정적인 요소를 선택하였기 때문인데, 두 판서의 행동에 긍정성을 부여하자 '칭찬'이라는 행동과 '기쁨'이라는 감정이 자연스럽게 뒤를 따른다. 만약 황희가 만약 두 판서들의 행동에서 부정적인 측면을 선택했다면 '비난과 처벌'이라는 행동과 '짜증'이나 '분노'와 같은 감정이 뒤를 이었을 것이다.

	상황(판서들의 행동)		생각	기분	행동
첫 번째 판서	호피 가죽을 가지고 있는 것은 국법위반, 사치라 말함.	부정	동료의 잘못을 고자질 하였으니 속 좁음	짜증 화남	비난
		긍정	**부정한 처사를 묵인하지 않는 정의실현**	**기쁨**	**칭찬**
두 번째 판서	호피 가죽을 가지고 있음을 반성, 용서를 구함	부정	나쁜 짓을 하였으니 꾸중, 혼을 냄	화남	벌
		긍정	**스스로 반성하고 용서를 구하고자 하는 마음**	**기쁨**	**칭찬**

[그림 3-7] 황희의 긍정 소통의 의미 3(긍정으로 뒤집어 생각하기)

황희의 긍정 소통으로 두 판서의 문제는 자연스럽게 해결되었고 동시에 모두의 마음에는 긍정의 에너지가 형성되어 그 이후의 의사소통도 원활하게 전개되었을 것이다. 황희의 소통은 Win-Win 소통이자, 긍정의 공감대를 형성하는 소통이다. 황희의 '긍정으로 뒤집어 생각하기'를 통한 긍정소통의 의미를 엿볼 수 있는 다음과 같은 대화도 있다.

3) 세종의 불당 건립 중지를 설득하다

세종이 궁궐 내에 불당 건립을 추진하려 하자, 신하들의 불당 건립에 반대하는 상소문이 빗발쳤다. 이에 황희가 세종에게 상소를 올렸다.

여러 신하가 불당을 짓지 말도록 올린 소장을 보니 기어코 불당 건립을 그만두도록 한 후에야 그치겠다는 것입니다. 이는 마치 길 가는 나그네가 잠깐 만났다가 흩어지는 것처럼 하는 것이 아니고 꼭 예제(禮制)를 제대로 이루고야 말겠다는 것입니다.

저들이 여쭌 말이 혹 사실에 지나쳐 전하의 심기를 거슬리는 점이 있다 하더라도 **아첨하는 자가 입을 꼭 다물고 여쭙지 않는 것보다는 오히려 낫지 않습니까?**(긍정적 생각 1)

모든 관료와 일반 선비들까지 숨김없이 다 아뢰는 것은 **정치와 교화가 잘 행해졌기 때문에 그렇게 된 것**(긍정적 생각 2)입니다.

이것이야말로 바로 **나라에 복이 되고 실로 만세토록 한없이 이어질 경사**(좋은 결과)입니다.

이번에 불당을 세우는 것은 조상을 받드는 예를 다하고자 함이니 전하의 효성이 지극하다 하겠습니다(공감과 칭찬).

그러나 온 나라의 신하와 백성이 말을 합하여 파하기를 청하니 이 어찌 아무 생각 없이 하는 말이겠습니까? **전하가 만일 받아들이지 않는다면, 30년 동안 정신을 가다듬어 다스린 성덕이 무너지게 될까 두렵습니다**(좋지 않은 결과 걱정).

이 상소를 받은 세종은 마침내 불당 건립을 중지하도록 명했다(황대연, 2010: 215).

불당 건립에 반대하는 신하들의 소장은 명백히 세종의 의견에 대한 반대의 표시다. 얼핏보면 신하들이 소장을 올린 이유는 세종의 의견에 반대해서라고 생각할 수밖에 없다. 그러나 황희는 세종을 설득하기 위해 긍정성에 초점을 맞추고 두 가지 생각할 거리를 제시하고 있다. 첫째, '아첨하는 자가 입을 꽉 다물고 여쭙지 않는 것보다는 오히려 낫다.'는 진술과, 둘째, '모든 관료와 일반 선비들까지 숨김없이 다 아뢰는 것은 정치와 교화가 잘 행해졌기 때문에 그렇게 된 것이다.'는 진술이다. 이 진술은 긍정적인 생각인 동시에 세종을 칭찬하는 말이므로 세종이 황희의 긍정적 생각을 따를 가능성은 높아진다. 황희는 긍정적인 두 가지 생각과 함께 이렇게 생각할 때 어떤 좋은 결과가 예상되는지도 덧붙이면서 구체적으로 소통하고 있고, 또 세종의 의견에 대해서 충분히 공감해 주면서 세종의 의견대로 할 경우 초래될 수 있는 부정적인 결과도 제시함으로써 자연스럽게 세종을 자신의 생각대로 유도하고 있다.

황희의 긍정적인 생각 제시는 박성희가 제시한 '잃는 것 부각시키기'의 2차원의 변화와 유사하다. 문제로 여겼던 상황을 황희가 제시한 긍정적인 측면으로 바꿔 생각하는 순간, 더 이상 문제가 아니라 축복으로 변할 수 있기 때문이다. '내 의견에 반대하다니, 내 심기가 불편하고 화가 나는군.'이 아니라 '신하들이 아첨하지 않고, 내가 정치와 교화를 잘하여 신하들이 바른 소리를 하니 얼마나 기쁜가.'로 긍정적으로 해석할 수 있다는 말이다. 이러한 긍정적 해석을 가능하게 한 이면에는 잃는 것이 무엇인지에 대한 고민이 필요한데, 만약 세종의 생각대로 자신의 의견에 반하는 신하를 내친다면 이는 결국 바른 소리를 하는 신하도 동시에 잃게 된다는 뜻과 같은 맥락이 되므로 자연스럽게 잃는 것이 부각된다. 잃게 되는 것이 부각되면 현재 반대하는 신하는 '문제'가 아닌 바른 소리를 하는 신하로서 '축복'의 의미로 바뀌게 된다. 또한 초래될 수 있는 부정적인 결과조차 공감과 칭찬을 먼저 한 후, '성덕이 무너질까 두렵다'는 염려와 걱정하는 마음으로 긍정의 의미 안에서 전달하고 있다는 점에도 주목할 필요가 있다. 소통의 목적이 상대방의 마음을 돌리기 위한 것이라 할지라도 긍정 소통에서는 상대방의 의견 자체도 긍정적으로 바라봐 주어야 한다. 그래서 황희는 자신의 의견을 개진할 때 부득이 세종의 의견을 부정할 수밖에 없는 상황에서 공감과 칭찬을 먼저 하고 난 후, 세종의 의견 자체를 문제로 부각시키기보다 그러한 의견이 가져올 수 있는 부정적 결과를 제시한 것이며, 부정적 결과를 제시할 때조차 걱정과 염려가 가득한 진정성을 담아 표현한 것이다. 상대방을 진심으로 걱정하고 염려하는 연민의 마음은 바로 진정성의 마음에서 나온 결과다.

이 같은 대화의 과정은 황희 나름으로 긍정 소통의 의미를 최대한 구현하고자 하는 노력의 반영이다. 더구나 임금의 의견에 대해서 피드백을 주는 상황이므로 신하된 입장에서는 더욱더 조심스러웠을 것이다. 피드백을 할 때는 상대방을 진정으로 배려하는 마음이 바탕이 되어야 하며, 아울러 지위, 사회적 관계, 맥락 등을 잘 고려해야 하는데, 황희는 이를 적절하게 잘 고려하여 세종과의 긍정 소통을 성공적으로 이끌어 간 것이다. 세종의 입장에서는 황희의 칭찬으로 자신의 의견이 우선 인정받았다는 따스한 느낌과 자신의 의견대로 할 경우 초래될 수 있는 부정적인 결과를 진심어린 걱정과 염려의 마음으로 전해 주었으므로, 황희의 말이 자신의 의견에 반함에도 불구하고 오히려 자신을 배려하고 진정으로 생각해 주고 있다는 느낌을 받았을 것이다. 물론 평소 세종이 보아온 황희의 배려하는 성품과 진정성 그리고 둘 사이의 신뢰 관계도 당연히 작용했겠지만, 임금이 어떠한 결정을 할지 아무도 예측할 수 없는 상황에서 황희의 긍정 소통이 효과를 발휘한 것은 분명해 보인다. 대화의 결말에 나타난 '세종의 수긍'은 긍정소통의 효과라고 보는 것이 적합하다.

앞의 논의를 통해서 알 수 있는 황희의 긍정 소통의 과정은 [그림 3-8]과 같다.

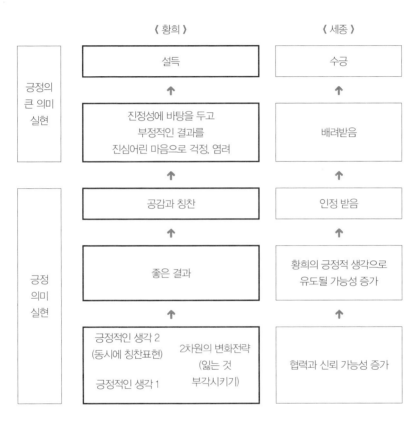

[그림 3-8] 황희의 긍정 소통의 의미 4(긍정의 큰 의미 안에서 설득)

4) 관점을 달리한다면

황희가 긍정적인 생각으로 소통하는 장면을 엿볼 수 있는 다음과 같은 대화도 있다. 황희 정승이 따뜻한 봄날 몇 사람과 동행하여 어느 곳을 걸어가며 가만히 앞을 바라보니 맞은편에서 한 사람이 발을 절룩절룩하며 걸어오는 것을 보았다. 이것을 보고 동행하는 사람이 가엾게 생각하여 말하였다.

"대감님! 저기 저 오는 사람의 한쪽 다리가 짧은 것 같습니다(부정적 관점)**."**라고 말을 하니 황희 정승이 **빙그레 웃으면서** "그 사람의 한쪽 다리가 짧은 것이 아니라 **그 사람의 한쪽 다리가 긴 것**(긍정적 관점)일세."라고 하였다. 그러자 동행하던 사람이 다시 "저의 말이나 대감님의 말씀이나 **다 같은 뜻이 아닙니까?**(두 다리의 길이는 어차피 다르다는 결과에만 관심)"라고 하자 황희는 "같은 말이라도 한쪽 다리가 짧다고 하기보다는 한쪽 다리가 길다고 하는 것이 **훨씬 듣기 좋지 않은가?**"(상대방의 마음 배려)라고 답하였다(장수황씨대전연지회, 1994: 232-233).

이 대화에서 동행인과 황희는 같은 상황이지만, 서로 다른 관점을 가지고 있다. 경험하는 내용은 같을지라도 우리가 무엇을 선택하여 주의를 기울이는가에 따라 우리의 경험내용은 크게 달라진다. 문제 해결 상황에 직면했을 때 그 상황을 어떻게 지각하느냐는 매우 중요한 관건이다. 그렇다면 현상은 우리가 어떤 지각체계를 가지고 그것을 바라보느냐, 우리의 마음이 어떠한 상태이냐에 따라 왜곡되거나 변질될 수 있다는 말이다. 우리가 사실이라고 말할 때 '사실'이라는 것도 어떤 기준에 비추어 보느냐, 어떤 것에 주의를 기울여 보느냐에 따라 사실이 될 수도 있고, 거짓이 될 수도 있다. 황희의 동행인은 긴 다리를 중심에 놓고 긴 다리에 비추어 나머지 한쪽 다리가 짧다는 표현을 하였다. 동행인은 사실 다리가 길어질 일은 없으므로 한쪽 다리가 짧다는 일반적인 현상 그대로를 반영한 사실적인 표현을 한 것이다. 또 원래 길어야 하는 다리인데 짧아져 버렸다는 의미를 정확히 전달함으로써 시작은 상대방을 가엾게 여기는 마음에서 출발하였지만, 결과적으로 상대방 입장에서는 원래 길어야 하는데 짧아진 것에 대한 상실, 없음, 제거 등의 부정적인 의미로 전달될 수밖에 없는 상황을 만들었다.

반면, 황희는 '짧은' 다리에 중심을 맞췄다. 황희는 상대방의 짧은 다리를 긍정적인 시각에서 바라보고 그것을 기준으로 하였다. 즉, 짧아진 다리를 기준으로 하여 원래 정상적인 다리를 상대적으로 길어진 것처럼 느껴지게 표현한 것이다. 이는 긍정적인 사고를 통해 잘 하는 것(또는 나은 것)에 초점을 맞추어 생각한 것이므로 박성희의 기분을 바꾸는 전략 세 가지 차원 중에서 2차원적 방법인 '잘 하는 쪽에 초점 맞추기'와 같은 방법이다. 길어졌다고 표현한 그 다리는 원래 정상적인 다리이므로 그것을 '길어졌다'고 표현할지라도 그것은 정상적인 다리로 받아들여질 확률이 높을 것이며, 짧은 다리는 원래부터 정상적인 것으로 간주했기 때문에 듣는 이의 입장에서는 자신의 단점을 인정하고 수용해 준다는 느낌을 받을 수 있다.

황희의 긍정적인 생각은 이렇게 상대방이 듣지 않는 상황에서도 일관되게 유지되고 있는 것으로 보아 감정이입을 하고 마음을 배려하는 긍정 소통은 황희의 성품으로 굳어진 것 같다. 황희는 이처럼 감정이입과 배려의 형태로 긍정 소통을 하였는데, 때로는 용기와 희망을 주는 긍정의 소통을 하기도 하였다.

5) 가족부터 살리고 봅시다

강원도 지방에 몹시 흉년이 들었다. 황희는 관찰사보다 한 등급 낮은 벼슬로 백성구제를 위해 강원도로 내려갔다. 황희는 그곳 사정을 낱낱이 살펴본 뒤, 우선 나라에 알려 식량을 보내 달라고 하였다. 백성들은 이제 살았다 싶어 마음을 놓았다.

"이 곡식은 거저 주는 게 아니오. 이 다음에 풍년이 들 때마다 **조금씩 나누어 갚아야 합니다**(당위—독립심)."

"갚고 말고요."

백성들은 황희에게 머리를 조아리며 고마워하였다. 그런데 이 때 한 사람이 배급 타는 것을 주저하며 말했다.

"**저는 도저히 갚을 힘이 없습니다**(용기 상실—낙담)."

황희는 **껄껄 웃으며 말했다**(웃음).

"그렇다고 굶어 죽겠소?(선택권—질문)"

"······(침묵)."

"**우선 배급을 타 가서, 굶주리는 식구들을 살려 놓은 다음에 갚을 방법을 생각해 보시오**(용기와 희망—도전기회)."

그 사람은 황희의 말에 따랐다. 황희가 이렇듯 나중에 갚아야 한다고 못박은 것은, 백성들에게 자립정신을 불어넣어 주기 위해서였다. 그리고 백성들의 세금도 면제해 주어 강원도 백성들은 차차 살림이 나아졌다. 백성들이 안정된 생활을 찾고, 이제 황희는 한성으로 가려고 하는데 황희가 탄 말이 어느 고개에 이르렀을 때, 한 사람이 뛰어와서 넙죽 절을 하였다.

"당신은 누구시오?"

황희가 물었다. 그 사람이 고개를 들며 말했다.

"저를 알아보시겠습니까?"

"오, 이제야 생각이 나는군."

"저는 농토가 없어서 배급 탄 곡식을 **못 갚을 줄 알았습니다**(낮은 자존감, 용기상실). 그러나 우선 그 곡식으로 굶주린 식구들을 살려 놓으니, **어떤 어려운 일도 할 용기가 생겼습니다**(용기회복). 그 뒤, 저는 식구들을 데리고 **날마다 산에 가서 약초를 캐어 목숨을 이어 왔습니다**(노력). 나리께서 우리 고장을 떠나신다고 하기에 산삼을 가지고 왔습니다. 부디 받아 주십시오."

황희는 **코 끝이 시큰하였다**(감동).

'**참으로 착한 백성이구나**(속말—긍정).'

황희는 그 산삼을 가지고 한성으로 돌아왔다. 그리고 산삼 값을 후하게 쳐서 **곡식을 내려 보내 주었다**(장수황씨대전연지회, 1994: 101-105).

황희는 굶주린 백성들에게 곡식을 나눠 주면서 이 곡식은 거저 주는 게 아니라, 이 다음에 풍년이 들 때마다 조금씩 나누어 갚아야 한다고 말한다. 하지만 먹을 것이 없어 허덕이는 백성들은 이제 살았다는 안도감에 황희의 말에 주의를 기울일 겨를이 없었을 것이다. 그런데 한 백성은 배급타기를 주저하며 매우 기가 죽고 낙담한 태도로 도저히 갚을 힘이 없다고 말하고 있다. 그러나 낙담한 백성에게 황희는 대답 대신 그저 껄껄 웃어 줄 뿐이다. 웃음은 마음의 여유에서 비롯되는 것으로 분위기를 따뜻하고 편안하게 만들어 공감대를 형성하기 좋은 조건을 마련한다. 황희는 용기를 상실하여 위축되고 기가 죽은 백성에게 이 '웃음'을 보여 줌으로써 상황을 좀 더 부드럽고 융통성 있게 생각할 수 있는 계기를 만들어 가고 있다. 백성의 심적 부담감과 부담감을 줄여 조금이나마 마음을 편하게 해 주려는 황희의 특별한 배려라고 할 수 있다. 껄껄 웃고 난 황희는 백성에게 '그렇다고 굶겠느냐'는 질문을 한다. 황희는 용기를 잃고 두려워하는 사람에게 명령이나 지시가 아닌 질문을 하고 있다. 만약 절망적인 상황에 놓인 백성에게 황희가 강하게 명령을 했다면 자존감이 위축되어 있는 이 백성의 마음은 더욱더 움츠러들었을 것이다. 하지만 황희는 백성 스스로 주체적으로 생각하게 하는 '질문' 기법을 사용함으로써 절망적인 상황에서도 이를 극복할 수 있는 희망을 던져 주고 있다. '그렇다고 굶겠냐'는 질문은 갚을 것이 두려워 굶든가, 어떻게든 갚아 보겠다고 다짐한 후 곡식을 배식 받아 굶지 않든가하는 문제는 너의 선택에 달려 있다는 뜻과 같다. 따라서 이 질문은 지금의 고난을 극복하고 이를 용기 있게 해결하기 위해 노력해야 하는 주체는 다른 사람이 아닌 바로 백성 자신임을 깨닫게 하려는 질문이다. 용기를 잃고 낙담한 사람을 무조건 도와주는 것이 아니라, 그런 상황에서도 스스로 자신의 문제를 고민하고 선택할 기회를 갖도록 이끌어 준 것이다. 인간의 자율성과 자기주체성에 대한 황희의 신념이 읽히는 대목이다.

주체의식을 전제로 선택과 책임을 강조하고 있는 황희의 질문에 백성은 아무 말하지 않는데 이것은 아마도 황희의 질문에 대해 스스로 답을 구하는 시간일 것이다. 침묵을 한다는 것은 모종의 사고가 진행되고 있음을 뜻하는데, 대화의 전후 문맥상 그 백성은 갚을 능력이 없으니 배식을 타지 않을 것인가, 아니면 배식을 받고 어떻게든 노력해서 이를 갚을 것인가 놓고 그 순간 나름 심각한 고민에 빠졌을 것이다. 황희는 침묵하고 있는 백성에게 '우선 배급을 타 가서 굶주리는 식구들을 살려 놓은 다음에 갚을 방법을 생각해 보시오.'라고 말하며 도전할 기회와 용기를 주고 있다. 우선 배고픔을 면하고 난 후 값을 방법을 찬찬히 생각하면 좋은 방안이 나올 거라는 긍정 소통을 하고 있는 셈이다. 이렇게 황희는 낙담하고 좌절해 있는 백성에게 희망과 목표를 던져 주고 있다. 결국 백성은 황희의 말에 따라 배식을 받아 굶주림을 우선 해결한 후 자구책을 찾아 약초를 캐어 열심히 생활하게 되었고, 나중에는 자신에게 용기와 희망을 준 황희에게 산삼을 선물한다. '참 고마운 백성'이라는 속말에서 우리는 황희가 따뜻한 감동을 느꼈음을 알 수 있다. 황희와 백성의 관계에서 배려와 감사의 긍정 에너지가 넘쳐나는 긍정의 공감대가 형성된 것이다. 그러나 황희는 여기에서 멈추지 않고 그것을 곡식으로 바꿔 백성에게 보내 줌으로써 고마움을 다시 되돌린다. 황희가 산삼을 곡식으로 바꿔 다시 보낸 행동은 주체적으로 선택을 하고 책임 있는 행동을 한 백성에게 일종의 보상을 한 것으로서, 그에게 자신에 대한 자존감과 삶에 대한 용기를 새롭게 불어넣어 주는 정신적 산삼 역할을 했을 것이다.

무위자연(無爲自然)을 강조하는 노자는 모든 만물은 물 흐르는 대로 놔두는 것이 근본이라 하였다. 즉, 억지스럽고 인위적인 것은 자연스러운 것에 위배되는 것으로 저절로 그러한 것을 있는 그대로 놔두는 것이 현명하다고 본 것이다. 이 원리는 백성을 교화시키려는 정치가에게도 적용될 수 있다. 의도를 가지고 자꾸 이러저러하게 간섭하고 바꾸려고 애쓰기보다는 백성들을 자유롭게 있는 그대로의 방식으로 살도록 내버려 두는 것이 안정된 사회를 만드는 이상적인 방법이 될 수 있는 것이다. 이런 면에서 낙담하고 힘들어 하는 백성에게 간섭을 하고 억지로 무엇인가를 하라고 요구하는 대신, 용기를 북돋고 기회를 줌으로써 백성 스스로 주체적으로 자기 일을 하도록 만든 황희는 정치의 달인이기도 하다.

[그림 3-9] 황희의 긍정 소통의 의미 5(용기와 희망)

이상에서 논의한 황희의 긍정 소통의 의미를 정리해 보자. 첫째, 있는 현상이나 환경을 바꾸는 것이 아니라 의식의 전환, 즉 생각의 변화를 통해서 항상 마음의 평정을 유지하고 자신의 마음을 긍정적으로 다스리는 방법으로 문제를 현명하게 해결해 나가는 2차원적 변화의 소통을 지향한다. 둘째, 긍정의 공감대가 형성되어 긍정 소통이 선순환되는 소통이다. 셋째, 상황 속에 들어있는 긍정의 요소를 선택하여 생각의 틀을 바꿔버리는 긍정적 사고의 소통이다. 넷째, 잃는 것 부각시키기를 통해 긍정적인 생각의 장점에 주의를 기울이게 하고 진정성이 어린 긍정의 큰 의미 안에서 설득하는 소통이다. 다섯째, 배려와 희망 그리고 용기를 주는 소통이다.

이와 같은 황희의 긍정 소통은 상대방으로 하여금 상황을 새롭게 인식하고, 감동을 받아 스스로 자신의 마음과 행동을 변화시키도록 돕는 인간의 주체성을 신뢰하는 소통이다. 아울러 긍정적인 마음을 가지고 열심히 살다보면 반드시 좋은 해결책을 찾게 될 거라는 여유와 믿음의 소통이다.

황희는 때로는 그 자체로 내버려 두고 인정하는 놔둠의 의미로 긍정소통을 활용하기도 하였다. 다음의 대화를 보자.

황희는 어느 날 나라의 중요한 문서를 꾸미고 있었다. 워낙 힘들고 중요한 일이라 옆에서 젊은 선비 몇 사람이 함께 거들고 있었다. 한참 일을 하고 있는데, 어린 아이들 몇 명이 우르르 몰려왔다.

"대감 할아버지, 대감 할아버지!"

황희를 부르며 방으로 들어오는 아이들은 집에서 부리는 하인의 하인들이었다.

일의 중요한 것으로 보아 아이들을 쫓아야 할 텐데도, **황희는 오히려 웃는 얼굴로 반겼다**(웃음).

"그래, 어서들 오너라. 오늘은 내가 좀 바쁘니 이 쪽에서 조용히 놀아라(타이름)."

황희는 이렇게 **자상하게 이르고는**(자상히 일러줌) 다시 하던 일을 계속했다. 그러나 아이들이란 어디에서나 소란스럽기 마련이다. 떠들고 장난을 치는가 하면, 심지어 황희의 수염을 잡아당기는 아이도 있었다. 그래도 황희는 **내버려 두었다**(내버려 둠). 한 아이가 수염을 잡아당기자 "허어, 이 녀석아. 할아버지 수염이 뽑히겠다. 물러나거라."하고 **한 마디 하면서 웃을 뿐이었다**(웃음).

아이들은 마음 놓고 방 안을 돌아다니며 장난을 쳤다. 그러다가 한 아이가 문서 만드는 종이에 오줌을 쌌다.

"허어, 이 녀석이……."

황희는 **아무렇지도 않은 듯**(아무렇지 않음) 옷소매로 오줌을 닦아낸 다음 그 위에 다시 글을 썼다.

옆에서 일을 도와주고 있던 선비들은 그런 광경에 기가 막혔다. 이윽고 황희의 눈치만 보고 있던 젊은 선비 하나가 입을 열었다.

"대감마님, 저렇게 버릇없는 아이들은 처음 봅니다. 어찌 그냥 내버려 두십니까?"(어른의 기준에 서 본 가치)

"얘들이 뭘 아는가? 애들이니까 마음껏 놀도록(황희의 아동관—놈둘) 두어야지."

황희는 젊은 선비에게 이렇게 말을 하고는 하던 일을 계속했다(장수황씨대전연지회, 1994: 84-86).

어느 날 황희는 관리들과 함께 나라의 중요한 문서를 꾸미는데, 아이들 여럿이 황희 방에 불쑥 나타난다. 일이 중요한 것으로 보아 아이들을 쫓아야 할 텐데도, 황희는 웃는 얼굴로 반겼다. 그러면서 오늘은 바빠 놀아주지 못하니 이쪽에서 조용히 놀라며 타이르고 있다. 중요한 문서를 처리하는데 아이들의 등장은 방해 요소로 작용하여 일의 능률을 떨어뜨릴 법도 한데, 황희는 그런 아이들을 쫓아내기는커녕 오히려 오늘은 같이 못 놀아준다며 조용히 한쪽에서 놀도록 자상한 말투로 타이르고 있는 것이다. 어린 아이들을 사랑하는 인자한 할아버지의 모습이다.

황희는 이렇게 자상하게 이르고는 다시 하던 일을 계속했는데 이는 아이들의 장난이나 소란스러움 등에 이미 매우 익숙해진 모습으로 보이며, 평소에도 황희가 아이들의 놀이나 장난을 많이 허용했음을 뜻하는 것이다. 떠들고 장난을 치는가 하면, 심지어 황희의 수염을 잡아당기는 아이도 있었지만 황희는 그대로 내버려 두었다. 한 아이가 수염을 잡아당기자, 그저 '허어, 이 녀석아. 할아버지 수염이 뽑히겠다. 물러 나거라.'하고 한 마디 하면서 웃을 뿐이다. 아이들은 마음 놓고 방 안을 돌아다니며 장난을 치다가 한 아이는 급기야 문서 만드는 종이에 오줌을 싸기까지 한다. 그래도 황희는 아무렇지도 않은 듯 옷소매로 오줌을 닦아낸 다음 그 위에 다시 글을 쓸 뿐이다. '타이름, 자상히 일러 줌, 내버려 둠, 웃음, 아무렇지 않게 생각함'은 모두 앞의 대화에서 황희가 아이들을 향해서 보여 준 행동이다. 아이들의 온갖 실수에 대해서 황희는 한 마디의 나무람이나 꾸지람 없이 그저 웃음과 타이름, 그리고 받아 줌으로 일관하고 있을 뿐이다. 옆에서 일을 도와주고 있던 선비들은 그런 광경에 기가 막혀 하는데, 결국 황희의 눈치만 보고 있던 젊은 선비 하나가 '저렇게 버릇없는 아이들은 처음 봅니다. 어찌 그냥 내버려 두십니까?'라고 말을 한다.

선비의 '버릇없는 아이들'이라는 말에서 선비가 아이들을 바라보는 기준은 유교사상에 입각한 기준이라는 사실을 알 수 있다. 유교 도덕사상의 기본이 되는 다섯 가지 덕목인 오륜은 구체적으로 인간관계를 다섯 가지로 집약하고 서로서로 지켜야 할 의무로 규정한 것으로 그중 하나가 바로 장유유서(長幼有序)인데, '장유유서'는 어른과 아이의 관계와 같은 상하의 위계질서를 잡고 그 질서가 잘 유지되도록 하기 위해 만든 하나의 사회규율이다. 유교사상에 철저한 선비의 기준에서 본다면 아이들의 행동은 장유유서에 비춰 볼 때, 그야말로 버릇없고 오만방자한 행동이며 있어서는 안 되는 일이다. 따라서 그 기준에서 용납할 수 없는 행동을 하는 어린이가 있다면 당연히 혼내고 나무라야 하는 것이거늘 가만히 내버려 두고만 있으니 답답한 선비가 의문을 제기하고 있는 것이다. 여기에 대해 황희는 '애들이 뭘 아는가? 애들이니까 마음껏 놀도록 두어야지.'라고 말하며 하던 일을 또 계속할 뿐이다. 이 부분에서 황희의 아이들을 바라보는 관점 즉, 아동관이 제시된다.

황희는 '아이들은 뭘 모르는 존재이며 아이들이기 때문에 마음껏 자유롭게 놀게 내버려 두어야 한다'는 아동관을 가지고 있는 듯하다. 사전적 의미에서 아동은 신체적, 지적으로 미성숙한 단계에 있는 사람을 말한다. 미성숙하다는 것은 아직 완성되지 않고 만들어져 가는 과정 중에 있다는 뜻으로, 아동은 신체적으로나 지적인 모든 면에서 아직 결정된 것이 없이 계속해서 변화해 나가는 발달과정에 있는 존재들이라는 말이다. 예컨대, 아동의 정신세계의 독특성과 사고의 질적 변화를 전제로 하는 피아제의 인지발달이론이나 프로이드의 심리성적 발달, 에릭슨의 심리 사회적 발달, 콜버그의 도덕성 발달 등은 모두 일련의 단계를 가지고 인간의 발달을 설명하고 있다. 그러나 아동이 일련의 단계를 거치면서 성격적, 정의적, 사회적, 도덕적인 발달을 한다는 사실이 아동이 어떠한 존재인지에 대한 답을 명확히 제공하는 것은 아니다. 또 이것은 '아이들은 원래 뭘 잘 모르는 존재이다'라는 황희의 아동관에 전제된 아동의 의미를 설명하기에도 다소 부족하다. 따라서 황희가 이리저리 뛰어 다니고, 오줌을 싸고 수염을 뽑고, 장난을 치는 아이들의 행동을 봐주고 놔두었다는 점을 바탕으로 황희의 아동관에 접근해보자.

앞의 대화를 보면 아이들은 자기들이 하고 싶은 욕구, 감정, 행동을 주변 상황이나 사람을 고려하지 않고 그저 본능이 이끄는 대로 자유롭게 분출하고 있다. 때 묻지 않은 순수한 상태를 동경하는 사람들은 '인간으로서 자연적인 상태에 가장 가까이 있는 어린이'를 참된 인간의 모습이라고 생각한다. 어린이는 자신의 내부로부터 일어나는 욕구와 충동에 매우 충실하기 때문이다. 배고프면 울고, 즐거우면 웃고, 화가 나면 소리치며 아무런 꾸밈이나 속임 없이 자신의 참된 모습을 있는 그대로 누리며 살아가는 것이다. 우리가 갓난아기를 생각해 보면 이를 쉽게 이해할 수 있다. 갓난아기들은 아직 정신적, 신체적으로 매우 미숙하여 부모의 도움 없이는 아무것도 할 수 없는 것처럼 보이지만 그들 나름 최초의 소통자인 엄마에게 온갖 수단을 써서 자신의 현재 상황을 표현하고 도움을 요청한다. 미묘하지만 그들의 울음소리와 표정, 웃음 등은 시시각각 그리고 상황에 따라 매우 다양한 방식으로 나타나는데, 이는 아직은 아무것도 할 수 없는 그리고 아무것도 모르는 천진스러운 아기의 입장에서 취할 수 있는 최선의 방식으로 생각할 수 있다. 그들의 다양한 표현방식은 심지어 숨은 의도가 있다 할지라도 그 의도를 아기가 스스로 전혀 의식하지 못한다는 점 때문에, 그리고 현재의 기분과 느낌이라는 오로지 현재성에 기반을 둔 감정 상태를 해소하기 위한 욕구의 표현이라는 점 때문에 순수함과 천진스러움으로 가득하다. 또한 어린이는 신체적, 지적으로 미성숙하기 때문에 욕구와 충동에 충실한 이런 행동에 사회는 간섭이나 제재를 가하지 않는다. 그야말로 어린이는 모든 사회적인 요구와 구속으로부터 자유를 유지하며 하나의 자연으로서 순수하게 자신이 느끼는 방식대로 삶을 살아가는 유일한 존재인 것이다. 이들은 내부적으로 느끼는 바와 외부적으로 표현하는 내용이 일치한다는 점에서 삶을 가장 진정성 있게 살고 있는 존재들이기도 하다.

이런 관점에서 황희는 아이들이 진정성을 가지고 자신의 삶을 살도록 자연스럽게 '놔둠'의 소통을 하였다고 볼 수 있다. 아이들의 행동에 대해 어른의 잣대와 가치로 평가하지 않고 자유롭게 감정과 욕구를 그대로 표현히도록 내버려 두었고 순수한 그 상태를 존중해 줌으로써 결과적으로 진정성의 실현을 도왔기 때문이다. 이는 아이들에 대한 무한한 신뢰와 긍정에서만 나올 수 있는 것이다. 이렇게 자신의 경험을 거짓되지 않게 표현하는 진정성은 자아개념과 자존감의 형성에도 영향을 준다. 이들에게 있어 자신의 욕구와 감정을 경험하고 표현하는 것 그리고 이를 존중받는 경험은 건강한 자아를 발달시키는 데 결정적인 역할을 한다. 자아개념은 자신에 대해 자기 스스로 갖는 생각이나 감정 그리고 태도를 포함하는 복합적인 개념을 말하는 것인데, 이 자아개념은 처음부터 정해지는 것이 아니라 자신과 소통하는 다른 사람들의 영향을 받아 형성되는 것이다. 아동과 관계된 사람들이 아동의 말과 행동을 있는 그대로 인정하고 존중할 때, 그리고 진정성 있게 수용하고 공감할 때 아동은 자기주체성으로 무장한 자존감을 키우고 긍정적인 자아개념을 형성할 수 있게 된다.

황희의 '놔둠'은 아이들의 말과 생각 그리고 행동 그대로를 인정해 주었다는 점에서 공감과 같다. 아이들은 원래부터 그렇게 뭘 모르고 마음껏 노는 존재들, 즉 자신의 욕구와 감정에 충실하게 살면서 자아를 찾고 자아개념을 획득해 나가는 존재들이라는 의미에서 본다면, 오줌을 싸고 뛰어다니고 장난을 치고 하는 행동은 그냥 받아 주고 내버려 두면 될 일이지 전혀 화를 내거나 꾸짖을 일이 아니다. 여기에 어른의 기준과 가치를 들이대며 아이들을 야단치고 혼을 내는 것은 아이들의 자연스런 자아실현성을 왜곡할 따름이다. 황희는 아이들의 행동에 대해 어른의 기준에서 본 어떠한 기준이나 가치, 이를테면 '어른들 앞에서는 얌전해야 한다' '뛰는 것은 예의 없는 것이다' '장난은 하고 싶어도 어른들 앞에서는 참아야 한다' 등을 강요하지 않고 있는 그대로 받아 주고 있다. 이는 아이들의 욕구와 감정을 존중해 주고 그들의 타고난 잠재능력과 자아실현성을 인정해 주는 것과 같다. 황희의 '놔둠'은 바로 이런 의미로 파악해야 할 것이다.

황희는 아이들에게 감정표현, 언어나 신체표현, 그리고 욕구표현 등의 모든 면에서 최대한의 자유를 허용하였다. 자유는 어린아이가 성장하고 있음을 나타내는 매우 중요한 지표가 된다. 아이는 자신의 자유 허용치를 늘려가며 자신을 부모와 독립된 하나의 인격체로 생각하게 되고 이는 곧 자아의 발견으로 이어지기 때문이다. 아울러 아동기에 허락된 자유는 아동에게 대인관계를 실험하며 사회적 기술을 발달시키는 중요한 기회를 제공한다. 아동은 행복하게 살아가기 위해 다양한 사람들을 만나면서 사회적 기술을 학습해야 하는데, 자신을 누리고 표현하는 자유에 제한이 있다면 건강하고 성숙한 사회적 기술을 발달시키는 데 문제가 생길 것이다. 따라서 황희의 '놔둠'은 아이들의 자유를 최대한 허용하여 독립된 인격체로 성장하고, 원만한 사회관계를 형성하여 행복한 삶을 살아가는 과정을 학습하도록 돕는 중요한 철학을 담고 있다고 보아야 한다.

결국 황희의 '놔둠' 소통은 아이들 스스로 자기 내면의 감정과 욕구를 충실히 표현하도록 돕는 진정성의 소통이자 어른(부모)과의 관계에서의 수용과 공감, 자유로움을 맛보게 하여 아이들의 건강한 자아발달과 자존감을 높이고, 더 나아가 뛰어난 사회적 기술을 통해 원만한 인간관계를 형성하며 행복하게 살 수 있도록 돕는 소통이다.

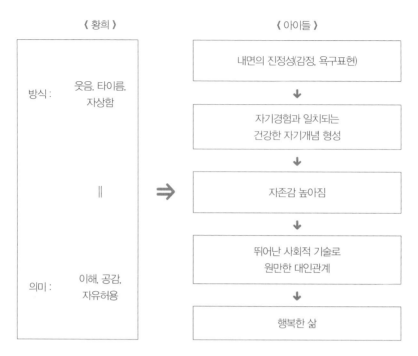

［그림 3-10］ 황희의 놔둠 소통의 의미

(진정성, 건강한 자아와 높은 자존감, 원만한 인간관계)

10. 솔직함의 소통

솔직함의 소통은 자신의 생각이나 한 일에 대해 거짓 없이 있는 그대로 표현하고, 상대방에게서 느껴지는 감정과 생각을 소통 과정에 그대로 드러내는 소통을 말한다. 이런 점에서 솔직함은 진정성과 유사하지만 진정성은 솔직함 이외에 다양한 개념을 포괄하고 있으므로(박성희, 2012), 여기서는 황희의 대화에 더 어울리는 솔직함이라는 용어로 그의 소통 방식을 분석하고자 한다. 다음 대화를 살펴보자.

1) 황희의 솔직한 소통법

세자 책봉에 반대하여 형조와 대간들이 연이어 상소하며, 황희의 불충한 죄를 유사의 명을 내려 법으로 다스리라고 하고, 또 대역죄인 황희를 멀리 원악도로 내쳐야 한다고 했다. 마침내 태종은 황희에게 명을 전달하기 위해 사헌감찰 오치선을 보냈다.

나는 전일에 친애하던 정을 생각하여 가까운 교하에 귀양 보내려

는데, 대간들이 가까운 곳에 둘 수 없다고 끊임없이 말하므로 남원

(南原)으로 옮긴다. 그러나 사람을 보내어 압송하지는 않을 것이니

노모를 모시고 편한 방도를 택하여 내려가라.

오치선이 다녀오자, 태종이 물었다.

"황희가 무슨 말을 하더냐?"

"'이 몸은 부모가 낳아주셨고 의식(衣食)과 노복(奴僕)은 모두 임금의 은혜

시니 다른 마음은 없습니다(언어의 솔직함).'라며 눈물을 흘리고 어찌할 바를

몰라 하였습니다(비언어의 솔직함)."

태종은 가슴을 치며 "이미 남원으로 떠났을 것이니, 이제 어찌할 수가 없

겠구나……."라고 탄식하며 애석한 심기를 감추지 못했다(아쉬움). (태종 18년 5월

28일)(황대연, 2010: 66-67)

이 대화를 보면 황희가 다른 의도를 가지고 양녕대군을 두둔한 것이 아

니라 오직 왕실의 법도에 따라 세자 책봉 반대 의견을 피력하였을 뿐인데,

임금의 오해와 여러 대신의 탄압으로 귀양을 떠나는 것이므로 황희 입장

에서 보면 통탄함과 억울함을 호소할 수 있는 상황이다. 황희는 임금에게

직접적으로 오해를 해명하거나 억울함을 호소하는 말을 하지는 않았지만,

'다른 뜻은 없습니다'라는 간단한 말로 자신의 생각을 드러낼 뿐 아니라, 눈

물을 흘리며 어찌할 바를 몰라 하며 자신의 감정을 비언어적으로 표현하고

있다는 점에서 속마음을 솔직히 드러내고 있다. 황희는 임금에게 자신의

오해를 솔직하게 직접 해명하는 방식을 취하지 않았는데, 그렇게 해서는

임금의 마음을 얻기는커녕 오히려 오해를 가중시킬 소지가 있음을 알았기

때문이다. 상대방이 나를 오해하고 있는 상황이라면 상대방은 그 오해라는 지각에 맞춰 나와의 대화에 참여할 것이기 때문에, 상대방이 오해를 풀지 않는 이상 대화의 분위기와 방향은 상대방의 오해를 확신시키는 방향으로 계속 흘러가게 될 것이다. 황희가 다른 의도를 가지고 세자 책봉에 반대하고 있다고 생각하여 귀양까지 보내는 상황에서 임금에게 구구절절 말을 늘어놓은들, 임금의 오해만 더 쌓일 것이다. 그래서 황희는 오해를 해명하기보다 '다른 뜻은 없습니다.'와 같이 간단명료하게 자신의 마음을 솔직하게 드러낸 것이다.

훗날 태상왕이 된 태종은, 결국 남원으로 귀양 간 황희를 잊지 못해 임종 전에 황희를 부른다. 황희는 앞의 대화에서와는 전혀 다른 기쁘고 황송한 마음으로 1422년(세종 4년), 조정으로 다시 돌아오게 된다.

"상왕마마. 신, 황희옵니다. **옥체는 어떠하신지요?**(언어의 솔직함—걱정)"

"오! 왔구려. 잘 왔소. **이제 그대를 보니 병이 나을 것 같구려. 그동안 고생이 많았소**(언어의 솔직함—연민, 배려)."

태종은 황희의 **손을 덥석 잡으며 눈시울을 적셨다**(비언어의 솔직함).

"마마. 신, 황희가 이렇게 돌아왔습니다. **마마의 여러 가지 배려로 아무 고생 없이 잘 지내다가 돌아왔습니다. 성은이 망극하옵니다**(언어의 솔직함—감사)."

황희의 눈에서 **뜨거운 눈물이 흘러 내렸다**(비언어의 솔직함). 병석에 누워 몸조차 제대로 가누지 못하면서도 자신을 잊지 않고 불러 준 태종이 너무나 고마웠던 것이다(송재찬, 2006: 123).

긴 귀양살이를 하고 자신의 몸과 마음을 먼저 챙길 법도 한데, 황희는 오히려 상왕의 안부를 걱정하는 마음이 더 컸고, 첫 마디에 그 마음을 솔직하게 표현하고 있다. 황희의 이러한 솔직한 말에 태종 역시 황희에 대한 그리움, 염려되었던 마음을 솔직하게 표현함으로써 둘은 언어적으로 솔직함의 소통을 하고 있다. 이들의 솔직한 소통은 뒤에 나오는 비언어적 표현으로 이어지고 있다. 태종이 황희에 대한 그리움을 황희의 손을 덥석 잡고 눈시울을 붉힘으로 드러내자, 황희 역시 태종에 대한 고마운 마음을 뜨거운 눈물로써 드러내고 있는 것이다. 이를 통해 둘 사이는 단순한 군신(君臣)관계를 넘어서 서로가 언어적, 비언어적인 솔직함으로 소통할 수 있는 각별한 친분관계로 맺어진 사이임을 짐작할 수 있다.

인간관계의 모든 감정은 결국 '마음'에서 시작되고 끝난다. 둘 사이가 이렇게 평범한 군신관계를 넘어 서로 배려와 걱정 그리고 연민의 감정을 느끼며 솔직하게 소통할 수 있는 각별한 사이로 발전할 수 있었던 것은 무엇보다 서로에 대한 진실된 마음의 교류가 선행되었기 때문이다. 꾸미거나 속이지 않고 상대를 진심으로 위하는 이 마음이 진정성이다. 태종과 황희의 관계는 자신의 목적을 위하여 상대방을 이용하는 관계가 아니라, 정말 순수하게 상대방을 인간으로 대접하고 교감하는 진정성 있는 관계였다.

황희는 자신이 느끼는 감정을 언어적 또는 비언어적으로 솔직하게 표현하였을 뿐 아니라, 자신이 한 행동에 대해서도 솔직하게 표현하였다.

강원도민의 굶주림을 구제하기 위해 감영 창고에서 곡식을 꺼내 급한 대로 백성들의 허기를 면하게 한 황희는 한양으로 올라가 세종 앞에 엎드렸다.

"전하, 제가 큰 죄를 지었습니다. 크게 벌하여 주옵소서. 전하의 허락 없이 감영 곡식을 풀어 백성들에게 나누어 주었나이다(솔직함—죄를 고백+이유)**."**

"대감, 그게 무슨 잘못이오? **아주 잘 한 일이오, 과연 대감답소**(청찬, 용서)."
세종은 오히려 너그럽게 용서하였다(송재찬, 2006: 128).

황희는 강원도민의 굶주림을 구제하는 일이 시급하여 임금의 허락도 없이 감영 창고에서 곡식을 꺼내 나눠 준다. 이것은 백성의 굶주림을 구제하는 일이 나라법보다 더 시급하다고 생각한 황희의 위민정신에서 온 융통성 때문이다. 자신이 임금의 허락 없이 곡식을 나눠 준 후 처벌을 받을지언정 일의 우선순위에서 백성에게 곡식을 먼저 나눠 주는 것이 옳다고 판단한 것이다. 그리고는 한양으로 올라와 세종을 알현(謁見)하면서 다짜고짜 솔직하게 사죄부터 하는데, 이 때 황희는 '임금의 허락을 받고 백성에게 곡식을 나눠 주면 시간이 걸려 그 사이 목숨을 잃을지 모르는 백성들 때문에 먼저 나눠 주었습니다.'와 같은 구구절절한 이유와 설명 없이 맨 서두에 그저 '큰 죄를 지었으니, 벌을 주옵소서'라는 단도직입적인 결론만 말하고 있다. 이는 자신이 한 행동에 대해 스스로 인정하고 반성하고 있으며 마땅히 벌을 받을 준비가 되어 있다는 뜻이다. 그런데 앞부분에서는 자신의 잘못을 고백한 반면, 뒷부분에서는 '감영 곡식을 풀어 백성들에게 나눠 주었다'는 말을 함으로써 자신이 백성을 사랑하는 마음 때문에 죄를 지은 것이라는 좋은 의도도 간접적으로 전달하고 있다. 솔직하게 말하되 결론을 먼저 말하고 그 이유를 제시하는 형태를 취하고 있는데, 여기에서 결론은 마치 자신의 죄가 엄청나게 커서 큰 벌을 받아야 하는 것처럼 크게 부각을 시키고 있다는 점을 생각해 볼 필요가 있다. 이러한 대화의 형식이라면 임금 입장에서 '황희가 도대체 어떤 큰 잘못을 저질렀기에 이렇게 다짜고짜 벌을 달라고 하는 것인가?' 하며 의문이 증폭될 수밖에 없을 것이다. 어떤 이유 때문에 벌부터 달라고 하는지 궁금증이 증폭되어 있는 임금에게 황희는 백성을 사랑하는 마음이 우러난 벌을 받아야 하는 '이유'를 고하고 있다.

아마도 황희는 여기에서 일종의 대조효과(the contrast principle)를 노린 것 같다. 대조효과는 차례로 제시된 두 대상 사이의 차이점이 그 대상을 인식하는 과정에 영향을 미치는 것을 말한다. 예컨대, 5만 원짜리 옷을 본 뒤 100만 원짜리 옷을 보면 100만 원이 매우 크게 느껴지지만, 300만 원짜리 옷을 본 뒤 100만 원짜리 옷을 보게 되면 그다지 큰 금액으로 느껴지지 않는다. 이 대조효과를 알고 있는 백화점 직원이라면 아마도 고객에게 비싼 옷을 먼저 권유하고 그 다음에 적은 가격에 큰 부담을 느끼지 않는 옷을 추천해서 구입하게 만드는 전략을 쓸 것이다. 이처럼 황희는 자신이 벌을 받아야 하는 이유를 처음에 바로 제시하지 않고, 먼저 엄청난 죄를 지은 것처럼 사죄를 하고 크게 벌을 달라고 함으로써 임금의 기대치를 올려놓은 뒤에 실상을 말함으로써 벌을 받아야 하는 이유를 상대적으로 가볍게 생각하도록 만들었다. 솔직하되 말을 하는 순서에 변화를 준 것이다.

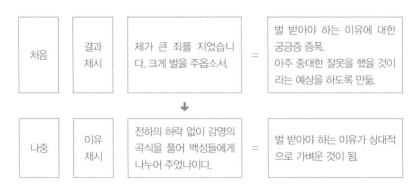

[그림 3-11] 황희의 솔직함 소통의 의미 1(대조효과)

다음의 일화에서도 황희는 자신의 실수를 솔직하게 털어 놓음으로써 결과적으로 상대방의 마음을 움직여 용서와 이해를 받았다. 어느 날, 황희가 문서를 쓰는데 아이들이 방 안에 들어와 마음 놓고 돌아다니며 장난을 쳤다. 그러다가 한 아이가 문서 만드는 종이에 오줌을 쌌다. 그러나 황희는 아무렇지도 않은 듯 옷소매로 오줌을 닦아낸 다음 그 위에 다시 글을 썼다. 며칠이 지난 어느 날이었다. 문서를 받아보던 세종이 황희에게 "이 종이는 왜 한쪽이 누런 색깔로 변했소?"하고 물었다.

"황공하옵니다. 사실은……(언어적 표현의 솔직함)**."**

황희는 사실대로 모두 아뢰었다.

'원 세상에, 상감마마께 올리는 문서를 종의 아이들이 오줌 싼 종이에 그냥 써 올리다니. 이제 당장 불호령이 떨어지겠지.'

옆에 있던 대신들은 바짝 긴장을 하며 지켜 보았다. 그러나 뜻밖에도 세종의 입에서는 웃음이 터져 나왔다.

"허허허……. 역시 황 정승다운 생각이오(칭찬)**."**

세종은 황희를 나무라기는커녕 오히려 칭찬하였다. 남에게 아첨을 하기 위한 것이 아니라, 몸에 배고 마음속에서 우러나온 황희의 뜻을 알고 있었기 때문이다(장수황씨대전연지회, 1994: 86-87).

이 대화에서 황희는 작성하던 문서에 아이들이 오줌을 쌌지만, 아무렇지 않은 듯 닦고 그대로 그 종이에 글을 써 세종에게 보고하였다. 그러자 임금은 종이 한 쪽이 왜 누런 색낄로 변했는지 물어 보고, 황희는 황공해 하며 사실 그대로를 솔직하게 말하였다. 황희가 사실을 말하는 과정에서 다른 대신들은 자신들의 기준에 비추어 임금의 불호령이 떨어져 황희가 혼쭐이 날 것이라는 결과를 예상하고 있었을 것이다. 그런데 뜻밖에도 세종은 화를 내거나 황희를 혼내기는커녕 웃으며, 역시 황 정승다운 생각이라면서 칭찬을 하고 있다. 임금에게 올릴 문서에 아이의 오줌이 묻어있다니 그 당시 시대적 상황으로 볼 때 엄벌에 처해야 하는 상황일 수도 있는데, 세종은 그저 웃음과 칭찬으로 응대하고 있다. 원만한 인간관계를 위해서는 역지사지의 자세로 상대방을 존중하면서도 자신의 감정은 솔직하게 전할 수 있어야 하는데, 황희는 임금에게 예를 갖춰 솔직하게 말함으로써 결과적으로 종의 아이들을 사랑하는 자신의 인간적인 면과, 오줌 묻은 종이지만 말려서 그대로 사용하는 검소하고 소박한 정신을 드러내어 세종의 마음을 움직인 것이다. 잘못된 행동이나 실수도 솔직한 소통으로 상대방의 마음을 먼저 움직이면 용서와 이해 받을 가능성은 그만큼 커진다고 할 수 있다.

그러나 솔직함은 때로 상대방의 반응을 전혀 예측할 수 없는 상황에서는 다소 위험한 도전이 될 수도 있다. 솔직하게 표현하였을 때 혹시나 상대방의 부정적인 반응으로 인해 내가 받을 수 있는 상처나 감정의 동요에 대해 무의식적으로 불안함과 두려움을 느끼기 때문이다. 우리는 솔직함이 가져올 수 있는 이 위험과 두려움 때문에 자신의 감정이나 생각을 솔직하게 표현하기를 두려워한다. 그러나 황희는 솔직함이 가져올 수 있는 이러한 두려움과 위험을 무릅쓰고 일관되게 솔직함으로 소통하였다.

태종 8년인 1408년, 민씨 형제들의 횡포가 날이 갈수록 심해지자 황희는 태종에게 상소문을 올렸다.

상감마마! 아뢰옵기 황송하오나 지금 조정에서는 민씨 형제들의 세력이 너무 커져 있고, **그들의 행동은 차마 입에 담기 어려울 만큼**

법도에 어긋나고 있사옵니다(솔직함). 저들을 그대로 두신다면 **이 나라의 질서와 기틀을 잡기가 어려워질 것**(초래될 결과)이 옵니다. 친척을 벌하는 일은 **무척 가슴 아프시겠지만**(공감), 나라와 백성을 위하는 일이오니 헤아리시어 그들의 행동을 막아 주시옵소서.

이 상소문을 읽은 태종은 황희를 불러 말했다.

"**지신사, 그대야말로 참된 충신이구려**(칭찬). **나 역시 그들이 하는 행동을 못마땅하게 생각했소만, 나에게 이를 바로잡도록 귀띔해 주는 사람은 그대 밖에 없었소**(공감에 대한 고마움)."

마음이 어질기로 유명했던 황희도, 이번만큼은 정을 두지 않고 엄격하게 일을 처리했다. 황희는 민씨 형제들을 모두 잡아 옥에 가두고, 그들에게 아첨하던 무리들을 귀양 보냈다(장수황씨대전연지회, 1994: 116).

이 대화에서 민씨 형제들의 횡포를 모두 못마땅하게 생각하고 있었으나, 임금의 친인척이니 섣불리 말을 잘못했다가는 자신의 일신에 해라도 가해질까 두렵기 때문에 누구하나 임금에게 진언하지 않는다. 황희 역시 그러한 두려움이 없지 않았을 테지만, 민씨 형제들의 횡포가 갈수록 심해지자 결국 태종에게 상소문을 올린 것이다. 왕의 친척을 상소한다는 것은 자신의 목숨을 거는 것과 마찬가지였기 때문에 황희의 행동은 매우 용감한 것이었다. 황희는 먼저 민씨 형제의 행동에 대해 자신의 솔직한 견해를 말하고, 그들의 횡포를 그대로 놔둘 경우에 초래될 수 있는 부정적인 결과를 진언한 후에 왕의 마음에 공감을 해 주는 형태의 상소문을 올렸다. 초래될 수 있는 부정적인 결과를 제시한 것은 임금으로 하여금 좋지 않은 결과를 연상시켜 문제 해결을 위한 행동에 나서라는 일종의 압박이다. 그러나 이런 결정을 하는 과정에서 임금 역시 마음이 매우 아플 것이라고 공감해 줌으로써 임금이 처할 난처한 상황과 체면을 존중해 주려는 모습을 보이고 있다. 황희의 이러한 솔직한 진언에 대하여 세종은 갑자기 황희의 손을 덥석 잡으면서 황희에게 충신이라는 표현을 쓰며 고마움을 전하고 있다. 황희가 세종의 생각을 정확히 읽어 주었다는 의미로 해석할 수 있는 부분이다.

대화를 하다가 상대방이 적절한 낱말을 생각해 내지 못해 더듬을 때 대신해서 얼른 낱말을 말해 준다거나, 상대방이 끝내지 못한 대화의 뒷부분을 대신 말해 준다거나, 또는 어떤 자극에 두 사람이 동시에 같은 심상을 떠올린다거나, 상대방에게 주의를 기울이며 유사한 몸짓을 하는 행동을 한다거나 하는 것 등은 모두 공감을 활용한 것이라 볼 수 있는데, 황희의 진언에 대한 임금의 반응으로 보아 황희가 적절하게 공감 소통을 하고 있는 것이다. 자신도 처남들의 행동을 못마땅하게 여겨 어떻게 하면 좋을지 고민하고 있었고, 신하들 중 누구 하나가 바른 소리를 해 준다면 그것을 명목으로 삼아 그들을 어찌 해 보겠건만 아무도 말을 안 해 주고 있으니 속이 답답하고 심란했던 찰나, 황희가 자신의 마음 그대로를 솔직하게 표현해 주었으니 황희의 솔직함이 세종의 마음을 공감해 준 표현이 된 것이다. 세종은 황희의 말에 반색하고 황희를 칭찬하며 고마워할 수밖에 없었을 것이다. 황희는 위험을 감수하면서 결과에 상관하지 않고 솔직하게 자기표현을 하고 있다. 대부분의 사람들은 다른 사람이 자기 말을 존중하는 마음으로 경청해 주고 또 자기에게 솔직하면서도 따스하게 말해 주기를 바란다. 따라서 솔직함은 오해의 위험성에도 불구하고 소중한 소통적 가치를 지닌다. 불안과 두려움을 감수한 황희의 솔직한 소통은 이런 가치에 비추어 볼 때 현명한 선택이었다고 말할 수 있다.

사람들의 소통 가치에 부합하는 이러한 긍정적인 점 말고도 솔직함은 대화에서 몇 가지 바람직한 효과를 가져 온다. 수잔 캠벨은 우리가 솔직하게 표현할 때 구현할 수 있는 가치는 평온, 현존 그리고 동감 세 요소라고 말한다. 평온은 우리 마음의 평화와 내적인 평정이요, 현존은 살면서 어떤 일을 겪더라도 열린 마음으로 대응하는 각성과 생동력을 의미하며 동감은 타인의 불행이나 고통을 함께 느끼고 공감할 수 있는 능력을 말한다. 따라서 솔직한 삶을 살 때 비로소 우리는 평온과 현존 그리고 동감을 하나의 통합된 형태로 경험하게 되어 몸과 마음이 온전히 편안함을 유지할 수 있게 된다. 만약 우리가 있는 그대로를 왜곡하지 않고 솔직하게 경험하려고 노력한다면 좀 더 다양한 관점과 더욱 넓은 시야로 세상을 보게 될 것이다. 그러면 우리는 그 어떤 대상과 소통하더라도 그들의 반응에 여유 있고 의연하게 대처할 수 있게 되며, 우리의 이런 반응은 상대방에게 우리를 솔직하고 자신감 있는 사람으로 비춰 줌으로써 마음을 열고 소통에 임하게 하는 효과를 가져 온다.

그러나 솔직함이 모든 상황에서 항상 좋은 결과를 보장하는 것은 아니다. 솔직함이 긍정적인 효과를 얻으려면 대화하는 두 사람 사이에 상당한 신뢰 관계가 형성되어있어야 한다. 신뢰 관계가 전제되지 않은 채 일방적으로 쏟아내는 솔직함은 오히려 관계를 어색하게 하고 상대방에게 상처를 줄 수도 있다. 이를테면 처음 만난 소개팅에서 상대방에 대한 부정적인 인상을 솔직하게 표현한다면 그 관계는 더 이상 이어지지 않을 것이다. 황희의 솔직함이 임금에게 통할 수 있었던 것은 평소 두 사람 사이에 신뢰 관계가 밑바탕에 깔려있었기에 가능했던 것이다.

《 전제 》		《 과정 》		《 결과 》
인격적인 만남 속에서 신뢰관계 형성	→	솔직함의 소통	→	고마움, 칭찬, 공감의 따스한 경험

[그림 3-12] 황희의 솔직함 소통의 의미 2(신뢰관계)

그러나 다음의 제시된 두 대화를 통해서 알 수 있듯이 황희는 때로 솔직함을 호통과 지시의 형태로 보다 직설적인 의미로 사용하기도 하였다. 세종이 불당을 짓고자 하였을 때 대부분의 신하는 유학자였기 때문에 크게 반대하고 임금을 없는 사람 취급하였다. 이를 고민하던 세종은 황희에게 이 같은 사실을 말하였고, 황희는 한 걸음에 집현전으로 달려가 학사들에게 말하였다.

"한 나라의 왕을 그처럼 대하다니, 이 무슨 짓들이오. 임금이 어질게 나오면 그에 대해 보답할 줄 알아야지. 만약 폭군을 만났어도 그랬겠소? 다른 임금 같았으면 불호령이 떨어졌을 것이오(솔직함—호통)**."**

황희의 말을 듣고 신하들은 깊이 뉘우쳐 결국 불당을 궁 안에 짓게 되었다고 한다(송재찬, 2008: 164-165).

앞에서 잠깐 소개했던, 황희가 강원도 지방에 큰 흉년이 들어 감찰사로 명을 받고 강원도민을 구제하러 갔을 때의 일이다. 황희는 감영 관리들에게 감영 창고에 보관되어 있는 곡식을 풀어 굶주린 백성들에게 나누어 주도록 하였는데 감영 관리가 황희와 실랑이를 벌이게 되었다.

"대감 마님, 감영 곡식은 그리 쓰면 아니 되옵니다. 감영의 곡식은 나라에 바칠 세금이옵니다(융통성 없음)**."**

"무슨 소리를 하는 게요? 백성이 있어야 나라가 있는 법, 백성이 굶주려 죽게 생겼는데 세금은 무슨 세금이오? 당장 창고를 열어 곡식을 나누어 주도록 하시오(솔직함—지시)**."**

관리들은 황희의 명령을 거역할 수가 없었다(송재찬, 2006: 127).

황희는 솔직함을 드러낼 때 항상 부드럽게만 표현하지는 않았다. 때로는 불호령과 호통으로 엄하게 다스리는 경우도 있었는데 주로 예의와 법도에 어긋나는 경우에 그랬다. 황희의 매우 엄격하고 청렴 강직한 성격 탓이기도 하다. 대부분의 신하가 유학자이며, 나라의 국교가 유교라 하더라도 한 나라의 임금이 불당을 짓고자 한다면 신하된 입장에서 예를 갖추어 조심스럽게 반대 의견을 말해야 하는데, 이를 크게 반대하고 임금을 본체만체 한다는 것은 문제가 있다. 평소 매우 난폭하고 엄한 임금이었다면 이러한 상황에서 당장 엄벌을 내렸을텐데, 세종이 어질고 너그러워 그대로 두니 신하들이 도가 넘쳐 안하무인식의 행동을 하고 있는 것이다. 황희 역시 철저한 유학자이기에 세종의 불당건립을 반대하였지만, 황희는 그 문제를 임금의 인격적인 문제와 결부시키지 않았으며 신하된 도리를 다 하면서 문제를 해결하려고 하였나.

앞서 긍정의 소통을 다루면서 이 문제에 대해 황희가 반대하는 의사를 공감과 칭찬이라는 기법으로 온화하게 예를 갖춰 해결한 일화를 제시한 바 있는데, 이는 신하된 입장에서 임금의 권위와 체신을 존중하며 문제를 해결한 것이다. 그런데 지금 상황은 임금의 생각과 다른 자신의 의견을 어떻게 전달할 것인가가 아니라, 자신에게 마음을 털어놓은 임금의 마음을 어떻게 이해해 줄 것인가에 먼저 초점을 두고 있다. 한 걸음에 집현전으로 달려가 학자들에게 호통을 친 것을 보면 황희는 우선 자신의 생각을 멈추고 오로지 세종의 마음에 귀를 기울여 그의 마음자리에서 나오는 소리를 듣고 따르려 한 것으로 보인다. 이 솔직함에는 신하들에게 호통을 치고 엄하게 말하는 것을 어려워하는 세종의 너그러운 품성에 대한 황희의 배려와 공감이 담겨 있다. 공감은 행동으로 완성되는 것이므로 황희의 솔직함은, 세종의 마음뿐 아니라 그 속에 감춰져 있는 세종의 소망과 바람을 행동으로 표현해 준, 행동으로 완성한 공감이라고 말할 수 있다.

황희는 임금과의 소통에서는 공감으로 솔직함을 표현하고 있지만, 신하들과는 의사 소통에서 호통으로 솔직함을 표현하고 있다. 이는 상대의 수준이나 조건에 따른 '솔직함의 차별화된 적용'이다. 신하들은 유학자로서 군신유의라는 덕목이 제일 중요함에도 불구하고 임금의 생각이 유교에 반한다는 이유로 임금의 권위나 체통은 생각하지 않고 자신들의 뜻을 관철시키기 위해 임금에게 지극히 무례한 행동을 하는 수준의 사람들이다. 황희가 이런 신하들에게 공감이 아닌 호통으로 소통한 것은 이들이 철저한 유학자라는 점을 고려하여 이들의 논리에 모순됨을 지적하는 방식을 사용한 것이다. 유학자로서 유교에 반하는 불교를 배척해야 하는 의무가 있다면, 유학자로서 당연히 임금의 뜻을 존중하고 임금을 섬겨야 하는 군신유의의 도리를 지켜야 하는 의무도 있다는 점을 따끔하게 말해 준 것이다.

황희는 신하들이 두 가지 의무의 갈등 사이에서 어떤 것을 선택할 것인가를 판단할 때 '임금이 무서운 폭군이냐 아니냐'를 그 기준으로 사용하였다고 보았으며, 그렇기 때문에 '만약 폭군을 만났어도 그랬겠소? 다른 임금 같았으면 불호령이 떨어졌을 것이오.'라는 말로 일침을 가하고 있다. 또 이것은 신하들이 강자 앞에서는 약하고 약자 앞에서는 강한 기회주의적인 면모를 가지고 있는 사람들이라는 것을 전제로 하고 있음을 드러내는 것이기도 하다.

따라서 황희는 기회주의적인 면모가 강한 사람들 앞에서는 공감이나 수용을 통한 솔직함보다 모순을 논리적으로 드러내 진퇴양난(進退兩難)에 처하게 한 후, 따끔하게 일침을 놓아 정신을 차리도록 하는 호통의 방법이 효과적이라고 생각한 듯하다. 대화의 마지막 부분에서 알 수 있듯이 호통으로 표현된 황희의 솔직함은 결국 신하들의 양심과 약점을 정확히 찔러 그들의 행동을 반성하게 만들었으며, 신하들이 방심한 순간에 예상하지 못한 일격을 가함으로써 그들이 현재 상황을 똑바로 지각하는 데 도움을 주었다고 판단할 수 있다. 황희는 이러한 솔직함의 소통을 때로는 상대방의 성장을 위하여 의도적으로 사용하기도 하였다.

'출장입상(出將入相)'이라는 말이 있다. 일선 전투에 나아가면 용감하고 유능한 장군이 되고, 정부에 들어오면 훌륭한 재상이 될 수 있는 인재를 두고 하는 말이다. 김종서 장군이 바로 그와 같은 자격을 구비한 호걸남아였다. 그 당시의 영의정이었던 황희는 자상하고 으뜸가는 명상이라는 칭송이 자자하였지만, 유독 병조판서 김종서에게만 가혹하게 하였다. 사소한 실수만 저질러도 일국의 장관급인 판서를 지내는 김종서에게는 냉랭하였다. 손찌검까진 아니었지만, 그 대신 그의 종을 잡아다 매질까지 했다. 하루는 보다 못한 좌상 맹사성까지도 민망하여 황희에게 말했다.

"영상대감! 병판 김종서는 일대의 명경인데 너무 곤욕을 주시는 게 아니

겠습니까?(의문)"

그랬더니 황희는 **빙그레 웃으며** 대답하기를,

"나는 병판을 귀한 보옥처럼 아끼기 때문이오(꾸지람의 이유). 훗날 영롱한 빛을 발휘할 수 있도록 갈고 닦자는 거요. 종서는 원래 모난 성품에 기개가 지나치게 날카롭고 일을 처리하면 유능하고 과감하지만 그 성격을 그대로 지니고 있다간 장차 나와 같은 정승자리에 앉게 될 경우 뜻하지 않은 분란을 야기하기 쉬울 거요. 그래서 미리 경계하고 훈도 하자는 충정에서 취하는 태도이지 결코 종서를 혐오하는 때문은 아니오."

"그렇지만 너무 과하게 나무라시는 것 같습니다(반문)."

"이보오, 좌상대감! 후일 늙은 우리들이 죽으면 누가 이 자리를 대신하겠소. 아무리 보아도 병판 밖에 없소. 그의 강한 성질을 꺾어 주어 후일에 모든 액운을 없애 주려고 내가 심하게 구는 것이요(시간적 조망을 넓혀 생각한 이유)."

그제야 좌상 맹사성도 황희의 심정을 알고 손을 잡으며 감탄하면서,

"영상대감이 생각하시는 후일의 긴 안목을 내가 미처 몰랐소이다."

황희는 김종서의 자질과 능력을 높이 평가하고 있었고 사자가 새끼를 벼랑에 떨어뜨려 대하는 것 같은 속 깊은 애정을 품고 있었던 것이다(장수황씨대전연치회, 1994: 218-220).

인재의 자질을 알아보고 능력을 인정하여 국가의 장래를 맡길 후계자로 양성하려는 황희의 긴 안목이 나타난 일화다. 실제로 황희는 87세로 은퇴하면서 김종서를 적극 천거하여 우의정 자리에 올려 앉혔다.

우리가 하는 일상적인 모든 대화에는 전달하려는 내용 측면과 대화에 참여하는 두 사람의 관계 측면이 들어있다. 이 두 가지 측면 중 관계적 측면은 소통에서 매우 중요한 역할을 한다. 두 사람간의 관계에 따라 같은 내용

이 다르게 전달될 수 있기 때문이다. 둘 사이가 대등한 관계인지, 힘의 우열에 차이가 있는 관계인지에 따라 내용 자체가 다르게 전달될 수 있다는 것이다. 예컨대, 친구 사이에서 이루어지는 소통과 직장상사나 부하직원 사이에서 이루어지는 소통은 다르다. 대등한 관계에서는 상호 존중을 바탕으로 합리적 소통이 가능하지만, 힘의 우열에 차이가 있는 관계에서는 상호 소통이 아니라 일방적인 의사전달로 대화가 마무리되는 경우가 많다.

앞의 대화를 보면 평소에 황희는 유독 김종서를 가혹하게 대했고 김종서는 황희를 식은땀을 흘릴 정도로 무서워했다. 힘의 관계라는 측면에서 볼 때, 황희는 김종서에게 쓴 소리를 해 주는 상관이고, 김종서는 황희를 따를 수밖에 없는 부하의 입장이므로 충분히 이해가 간다. 반면 황희와 맹사성은, 대화내용으로 짐작해 볼 때 대등한 관계에 있음을 알 수 있다. 맹사성이 황희의 행동에 대해 진심어린 충고를 하고, 또 황희가 그에 대해 적절한 이유를 대며 솔직하게 설명하는 것은 대등한 사이기에 가능한 소통이다. 따라서 솔직하게 소통하는 방법도 둘 사이의 힘의 관계가 어떻게 형성되어 있느냐에 따라 달라질 수 있다.

맹사성은 앞의 대화에서 겉으로 드러난 황희의 가혹한 꾸지람에만 초점을 둔 나머지, 너무 가혹한 처사가 아니냐고 질문하는데 이에 대해 황희는 빙그레 웃음으로 대답한다. 이는 김종서를 가혹하게 꾸지람하는 이면에 그를 생각하고 있는 자신의 깊은 속뜻이 있음을 나타내는 비언어적인 소통이다. 황희의 설명을 들은 후에도 맹사성이 그래도 너무 가혹한 것이 아니냐고 다시 반문하자, 황희는 후일을 생각한 깊은 뜻까지 밝혀 주고 있다. 맹사성과 자신이 정치에서 물러난 후까지 생각하며 후배를 사랑하고 아끼는 마음을 드러낸 것이다. 김종서를 아끼고 사랑하는 마음이 표면적으로 꾸지람이라는 형태로 나타났을지언정, 그 속뜻은 김종서의 모난 부분을 다듬고 성장시키려는 데 있었던 것이다.

아끼고 사랑하는데 꾸지람을 한다는 말은 얼핏 보면 모순처럼 보일 수 있다. 그러나 꾸지람을 한다는 것은 이미 꾸지람을 듣는 사람에 대한 상당한 관심의 표현이다. 관심이 없는 사람에게는 아예 꾸중조차 하지 않는다. 다만, 꾸중은 상대방이 그것을 받아들일 준비가 있어야 효과가 있다. 준비가 되지 않은 상태에서 쏟아내는 혹독한 꾸중은 상대방에게 상처를 입히고 관계를 더 악화시킬 뿐이다. 황희는 김종서의 사람됨을 알아보고 자신의 꾸중을 그가 능히 받아들일 수 있다고 판단해서 일부러 꾸중을 한 것이다. 황희의 모진 꾸지람에도 김종서가 반항하지 않고 그때마다 반성하며 가르침을 더 달라고 청한 것을 보면 그렇다. 김종서 역시 황희의 의도적인 꾸지람 속에 자신을 사랑하고 아끼는 마음, 그리고 자신의 부족한 부분을 고치고 다듬어 큰 인물이 되라는 격려의 의미를 간파했을 것이다. 황희는 87세로 은퇴하면서 김종서를 적극 천거해 우의정 자리에 올려 앉혔고, 그 자리에서 김종서는 자신의 성품과 역량을 유감없이 발휘하였으니 이로써 황희의 솔직함의 소통은 진가를 발휘하게 되었다.

자녀들에게 자기표현을 솔직하게 할 때 황희는 또 다른 방법을 활용하였다. 지시와 훈계가 아니라 질문을 통해 스스로 깨닫게 하는 형태다. 다음 대화를 살펴보자.

황희가 둘째 아들 보신(保身)의 집에 볼일이 있어서 찾아갔다. 그러나 아들 집에 모처럼 찾아와서도 말 한마디 없이 집 이곳 저곳을 둘러보기만 하였다. 아버지가 말 한마디 없으니 보신은 은근히 염려가 되었다.

오랫동안 침묵을 지키던 황희는 이윽고 입을 열었다.

"보신에게 묻겠다. **너는 무슨 돈으로 집안을 이렇게 사치스럽게 꾸몄느냐? 그리고 어찌 이토록 호의호식하는지 그 연유를 고해 보아라**(질문 1)."

"네, 아버님. 그 일이라면 괘념치 마소서. 소자가 무슨 부정한 일이나 뇌물을 받은 것이 아니옵니다. 안사람 손재주가 좋아 계속 옷을 지어 달라고 높은 삯전을 주면서 점점 주문하는 사람이 늘었습니다. **처음에는 혼자서 하다가 계집종과 같이 열심히 일하여 받은 돈이옵니다**(대답 1). 부끄럼 없는 정당한 돈입니다."

"**너는 그것이 정당하다고 생각하느냐?**(질문 2)"

"**소자가 아둔하여 모르겠사옵니다. 깨우쳐 주소서**(대답 2)."

"그렇다면 들어 보아라. 며늘아기가 그 일을 하기 전에 **이 부근에 그런 일을 하던 사람이 있었느냐, 없었느냐?**(질문 3)"

"**네, 있었사오나 저 사람이 워낙 솜씨가 좋아 일감을 도맡아 하고 있는 중입니다**(대답 3)."

"**바로 그것이 문제니라**(문제 지적). 너는 관리로서 나라에서 주는 녹미만 해도 굶지는 않을 것이다. 아비는 이 나라 영상이지만 팔, 구할을 떼어 남모르게 어려운 사람을 돕고자 했다. 그런데도 너희 내외는 남의 밥그릇까지 빼앗고 있으니 그러고도 잘한 짓이더냐? 며늘아기가 **그들의 일감마저 뺏으면 평생 천직으로 삼고 살아오던 그 사람은 어찌 살라는 것이냐**(이유 설명), 사람은 항상 자기보다 못하고 불행한 사람의 사정을 알아야 하느니라. 너희 내외는 결국 하나만 알고 둘은 모르는 격이다. 살림을 보태려거든 나물을 뜯거나 손수 채소라도 가꾸는 것이 훨씬 나을 것이다. 내가 더 잘 살고자 남에게 피해를 입혀서야 되겠느냐, 다시는 그러지 말아라."

"아버님, 듣고 보니 과연 그렇습니다(공감). 아버님께서 깨우쳐 주셨으니 곧 그만 두기로 하겠습니다(깨우침과 행동변화)."(장수황씨대전연지회, 1994)

이 대화를 보면 황희는 계속해서 질문을 하고, 아들은 계속해서 대답을 하고 있다. 그리고 아들의 대답 3이 황희가 지적하려던 문제와 직결되자마자 황희는 기다렸다는 듯이 문제를 지적하며 그 이유를 설명해 주고 있다. 우리가 누군가의 잘못을 지적할 때는 때로 잘못된 행동이 일어난 즉시 말하는 효과적이다. 다 지난 일을 들춰서 이야기해 봤자 상대방은 기억도 잘하지 못할뿐더러, 지난 일을 가지고 꼬치꼬치 따진다고 잔소리로만 생각할 것이기 때문이다. 이렇게 볼 때 황희의 판단은 현명하다. 황희가 아들의 집에 와서 아무 말도 하지 않고 침묵을 지키고 있는 것은 무언가가 못마땅하다는 황희의 솔직한 심정을 그대로 드러낸 것이다. 이런 아버지를 보고 아들은 속이 켕길 수밖에 없었을 것이다. 행동으로 문제가 있음을 충분하게 보여 준 황희는 아들에게 질문을 시작한다. 황희는 묻고 아들은 대답하는 대화의 관계가 시작된 것이다.

주거니 받거니 하는 질문의 대화 형식은 쌍방형 소통이라고 할 수 있는데, 이런 질문형 화법은 질문하는 자신뿐 아니라 상대방에게도 깊은 생각을 할 수 있는 기회를 주어 대화의 질적 수준을 높이게 한다. 이렇게 질문법은 상대방에게 스스로 생각해 보는 기회를 준다는 점에서 상대방을 존중해 주는 중요한 대화법이다. 아들 입장에서 보면 황희가 단도직입적으로 말하지 않고 차근차근 단계적인 질문으로 생각을 유도하니 아버지의 질문에 대답을 하면서 '도대체 내가 무슨 잘못을 했는가'에 대한 궁금증과 호기심이 증가된다. 그러다가 자신의 호의호식에 대한 이유를 자신이 열심히 일한 정당한 대가라는 곳에서 사고가 멈추자 아들은 더 이상 아버지의 질문을 이해할 수 없어 제발 답을 달라고 '스스로' 청하고 있다.

'스스로'라는 말은 주체의식을 가지고 움직인다는 뜻인데, '주체의식'은 자신이 인생을 총괄하는 주인으로서 무슨 일에서든 자기가 주인 역할을 한다는 말이다. 사람은 주체의식이 뚜렷해야 늘 주인으로서 살아갈 수 있다. 이제 주체의식을 갖춘 아들이 스스로 청하므로 황희는 가르침을 줄 정당성을 확보하게 되었다. 그리하여 황희는 '그렇다면 들어 보아라'라는 조건부 형식을 취함으로써 아들의 행동에 대한 문제를 깨우치고자 하는 주체가 자신이 아니라 바로 아들이라는 사실을 확실하게 한 번 더 못을 박는다. 아들로 하여금 자신의 행동을 반성하고 고치는 주체는 바로 자신이라는 의식을 심어 주기 위한 전략이다.

아들의 설명 요청에 의해 황희는 좀 더 큰 관점에서 아들의 행동이 갖는 의미를 설명해 준다. 이미 답을 알고 있는 황희와 영문도 모른 채 그것이 어떤 의미인지 계속 고민하고 탐색하는 과정을 겪어야 하는 아들은 대화과정을 통해 통찰을 얻고 한 단계 성숙한 정신수준에 도달하게 된다. 질문법은 결국 아들을 통찰의 길로 이끌기 위한 사고의 준비단계 또는 황희의 설명을 이해시키기 위한 밑바탕을 닦는 과정과 유사하다. 황희의 솔직한 질문은 아들로 하여금 사고의 과정을 거쳐 깨달음과 통찰에 이르도록 만들었고, 그 과정 속에서 아들은 '하나만 알고 둘은 미처 깨닫지 못한' 자신의 행동의 의미를 한 단계 높은 수준에서 바라볼 수 있게 된 것이다. 이는 아들이 아버지 말에 변명이나 핑계를 대지 않고 반성하며 순순히 따라가는 모습, 그리고 '아버지 말씀을 듣고 보니 그렇다'는 공감적 표현을 했다는 것을 통해 증명된다.

황희는 아들의 잘못된 행동을 무조건 다그치지 않고 질문을 통해 아들의 행동을 원인과 결과의 맥락에서 파악하게 도왔다. 적절한 자기주장을 하려면 몇 가지 단계를 거쳐 말해야 하는데, 첫째는 구체적으로 문제의 원인을 제시하고(행동), 그 행동의 결과를 설명한 뒤(영향), 그 때문에 자신이 느낀 것(감정)을 전해야 한다. 이런 측면에서 보면 황희는 아들의 행동이 초래하는 원인과 영향 그리고 그로 인해 느끼는 자신의 감정을 순차적으로 솔직하게 표현하고 있으므로 적절한 자기주장을 하고 있다. 아들의 행동에 대한 황희의 적절한 자기주장을 표현해 보자면, '너희들이 솜씨가 좋다는 이유로 옷 바느질을 도맡아 하며 돈을 버니(원인), 평생 바느질 하는 것을 천직으로 삼고 살아오던 인근의 사람들은 일자리를 잃었고 너희들은 결국 남의 밥그릇까지 뺏은 것이다(영향). 그러고도 잘 한 짓이냐, 사람은 항상 자기보다 못하고 불행한 사람의 사정을 알아야 한다(감정추측가능).'로 요약할 수 있다.

황희는 자녀를 꾸짖을 때 솔직하게 접근하되 지시와 훈계가 아닌 질문법을 통하여 주체의식을 가지고 스스로 잘못을 깨닫도록 하였다. 또 솔직한 태도로 단호하게 꾸짖으면서도 침착하게 그 원인을 먼저 물어보고, 자녀의 반응에 따라 또 다시 질문을 던지는 계속적인 과정을 통해 자신의 생각을 차분하게 전개해 나가는 방법을 보여 주었다.

결국 황희의 솔직함의 소통은 인격적인 만남을 통한 신뢰관계를 형성한 후, 자신의 감정과 행동을 솔직하게 인식하고 그것을 언어적 또는 비언어적으로 표현하는 것이며, 그 과정에서 인간적인 면모를 드러내며 상대방을 편안하게 함으로써 자연스럽게 상호간에 공감, 배려, 칭찬, 웃음, 고마움과 같은 긍정적인 요소들을 끌어내는 소통이다. 때로는 위험을 감수해야 하는 솔직함으로, 때로는 직설적인 호통이나 꾸지람으로, 때로는 질문의 형태로 표현되었지만, 황희는 자신의 솔직함을 적절하고 융통성 있게 구사한 소통의 달인이다. 지금까지 논의한 황희의 솔직함의 소통법을 정리해 보면 [그림 3-13]과 같다.

대화 방식	대화	아들의 사고 과정
공감	《 깨달음과 행동변화 》 듣고 보니 옳으신 말씀이며, 당장 그만두도록 하겠습니다.	통찰 정신적 성숙
설명법	↑ 《 문제와 그 이유 설명 》 그것이 문제다. 나라 관리로 받는 녹이 있는데, 다른 사람의 일감을 빼앗아 하니 천직을 뺏긴 그 사람들을 어찌 살라는 것이냐?	이해
질문법	↑ 《 대답 》 있었으나, 안 사람 솜씨가 좋아 도맡아 하고 있습니다. ↑ 《 질문 》 그 일을 하기 전에 부근에 그와 같은 일을 하는 사람이 있었느냐? ↑ 《 대답 》 저는 정당하다고 생각하는데 무슨 말씀이신지 깨우쳐 주십 시오 ↑ 《 질문 》 그것이 정당하다고 생각하느냐? ↑ 《 대답 》 안사람이 계집종과 함께 열심히 옷 짓는 일을 하여 받은 돈으로 그리 한 것이니 부끄럼 없는 정당한 돈입니다. ↑ 《 질문 》 너는 무슨 돈으로 집안을 이렇게 사치스럽게 꾸몄느냐? 호의호식하는 이유를 고해 보아라.	자신의 행동이 어떤 의미인지 계속 고민하고 탐색하는 과정 (주체 의식)

솔직함 ↕

[그림 3-13] 황희의 솔직함 소통의 의미 3(질문법을 통한 꾸지람)

대화의 달인 황희에게 배우는 소통의 철학

맺음말

황희는 소통의 달인으로서 대화뿐 아니라 인품, 태도, 비언어적인 요소 등 많은 통로를 활용하여 진정한 소통이 무엇인지 보여 주고 있다. 이 책에서는 황희의 소통을 논리의 소통, 비유와 역설의 소통, 웃음소통, 시서(詩書)소통, 비언어적 소통, 공감소통, 긍정소통 그리고 솔직함의 소통이라는 여덟 개의 방식으로 나누어 분석하였다. 황희는 이러한 소통방식들을 인품 속에 녹여 자유자재로 구사하며 위기를 극복하고 문제 상황을 명쾌하게 해결하면서도 원만한 대인관계까지 유지하는 쌍방향 Win-Win의 소통을 구현하였다. 또 같은 소통방식일지라도 상황과 대상을 고려하여 변형과 수정을 가하며 유연성과 융통성을 높여 나갔다. 예측할 수 없이 급변하는 현대 사회에서 다양한 유형의 사람과 소통의 문제에 부딪치는 현대인에게 매우 유용하게 활용될 수 있는 소통방식의 본을 보여 준 것이다.

흔히들 우리가 불안하다고 말할 때 불안은 아직 다가오지 않은 미래에 대한 막연한 두려움과 같은 '예기 불안'을 뜻한다. 알 수 없는 미래의 불확실성 속에서 누구나 어느 정도 두려움은 가지고 산다. 그러한 불확실성 속에 확실한 한 가지는 바로 지금까지 우리는 누군가를 만났고, 지금도 누군가를 만나고 있으며, 앞으로도 누군가를 만날 것이라는 점이다. 그리고 그 안에는 항상 무엇인가 모종의 교류를 통한 주고받음이 있다. 예컨대, 지금 당신이 책을 읽으며 생각하는 이 순간은 자신과의 소통에 집중하고 있는 것이며, 만약 상대가 있다면 거기에는 '나'와 '너'의 공감을 통한 소통이 있을 것이며, 거대한 자연 아니면 생물이나 무생물에 상관없이 어떤 존재와 만나고 있다면 그 안에서 분명 주고받는 무엇인가가 있을 것이다. 나는 사랑하는 사람을 잃어버린 경험이 있지만, 지금도 그 상대와 소통한다. 남겨진 편지와 녹음된 목소리를 통해서 말이다. 상대의 과거 생각이나 존재감을 현재의 시점으로 다시 가져와 느껴 보는 것이다. 나의 마음과 정신 에너지가 그 소통에 집중하면 마음을 차분하게 다스릴 수도 있고 그리움을 달래며 다시금 희망과 용기를 얻기도 한다. 모든 것이 불확실해도 가장 확실한 '현재'라는 이 순간은 우리에게 의미가 있다. 따라서 바로 지금 여기에서 일어나는 소통에 집중하여 진정한 의미를 찾을 때 우리는 삶의 가장 확실한 순간을 잡을 수 있다.

누군가와의 불편한 소통으로 갈등을 겪고 있는가? 그렇다면 이제 자신에게 눈을 돌려 그동안 자신이 사용한 소통방식에 문제가 없는지 되돌아보기 바란다. '나'와 '너'의 만남인 소통에서 '나'의 말만 하는 데 심혈을 기울이고 있지는 않은지, 상대와 처한 상황에 맞게 얼마나 다양한 소통방법들을 적절하게 사용하고 있는지 그리고 그러한 소통기술들을 진정성과 솔직함과 더불어 긍정적인 태도와 함께 사용하고 있는지 조용히 살펴볼 일이다. 제대로 된 소통이 이루어질 때 비로소 우리는 '너'와 '나'에서 시작한 '우리'를 경험할 수 있을 것이며, 이 '우리'는 보다 확대된 공동체감으로 발전할 수 있을 것이다. 황희의 소통방식은 오늘날 많은 문제가 되고 있는 현상들을 새롭게 바라보고 해결할 수 있는 실마리를 제공한다. 이제 과거의 현자 황희로부터 배운 소통방법들을 해결 키워드로 자리매김하여 '소통' 때문에 '고통' 받는 일 없이 행복한 삶을 살아나가기 바란다.

참고문헌

고영복(2000). **사회학 사전**. 사회문화연구소.

구인환(2006). **Basic 고교생을 위한 문학용어사전**. 서울: 신원문화사.

권오열(역. 2012). **왜 생각처럼 대화가 되지 않을까**(Andrew Newberg, Mark R. Wild-
   man 공저). 서울: 시공사.

김동일 외(2000). **아동발달과 학습**. 서울: 교육출판사.

김용태(2012). **가족치료 이론**. 서울: 학지사.

김욱동(2002). **수사학이란 무엇인가**. 서울: 민음사.

김유숙(2012). **가족상담**. 서울: 학지사.

김재원(2012). **황희**. 서울: 효리원.

노안영, 강만철, 오익수, 김광운, 송현종, 강영신(역. 2005). **아들러 상담이론과 실제**
   (Thomas J. Sweeney 저). 서울: 학지사.

박성희(2001a). **상담과 상담학 새로운 패러다임**. 서울: 학지사.

박성희(2001b). **상담과 상담학 상담의 실제**. 서울: 학지사.

박성희(2001c). **동화로 열어가는 상담이야기**. 서울: 학지사.

박성희(2007a). **선문답과 상담**. 서울: 학지사.

박성희(2007b). **황희처럼 듣고 서희처럼 말하라**. 서울: 학지사.

박성희(2007c). **마음과 상담**. 서울: 학지사.

박성희(2008). **현명한 아버지가 아이의 미래를 바꾼다**. 서울: 가야북스.

박성희(2009). **공감**. 서울: 학지사.

박성희(2010). **생각처방전**. 서울: 학지사.

박성희(2011). **진정성**. 서울: 학지사.

박영규(2004). **한 권으로 읽는 조선왕조실록**. 서울: 웅진 지식하우스.

박영규(2011). **한 권으로 읽는 세종대왕실록**. 서울: 웅진 지식하우스.

박현모(2012). **세종처럼**. 서울: 미다스북스.

서울대학교 교육연구소(1999). **국어 교육학사전**. 서울: 대교.

송재찬(2006). **청렴 결백 명재상 황희**. 서울: 지경사.

신동욱(1988). **한국인의 표정: 황희 정승의 덕**. 북한. 5월호. 145-146..

심진경. 이영규. 안영이. 신은영. 윤지선(2010). **학습용어 개념사전**. 경기: 아울북.

역사인물편찬위원회(2010). **불사조 천하 황희**. 서울: 역사디딤돌.

오철수(2009). **감정을 직접 시로 쓰기**. 서울: 동랑커뮤니케이션즈.

오철수(2009). **사람이야기 시로 쓰기**. 서울: 동랑커뮤니케이션즈.

오철수(2009). **시가 되는 생각 만들기**. 서울: 동랑커뮤니케이션즈.

오철수(2009). **시가 되는 표현은 따로 있다**. 서울: 동랑커뮤니케이션즈.

오철수(2009). **시로 가는 표현**. 서울: 동랑커뮤니케이션즈.

오철수(2009). **있었던 일 시로 쓰기**. 서울: 동랑커뮤니케이션즈.

윤치영(2004). **마음으로 다가서는 대화기법**. 서울: 책 만드는 집.

이상원(역. 2011). **적을 만들지 않는 대화법**(Sam Horn 저). 경기: 갈매나무.

이영관(2006). **조선견문록의 내용분석**. 국제관광학회. 50..

이응백. 김원경. 김선풍(1998). **국어국문학자료사전**. 한국사전연구사.

이장호. 정남운. 조상호(2007). **상담심리학의 기초**. 서울: 학지사.

이현우(역. 2013). **설득의 심리학**(Robert B. Cialdini 저). 경기: 21세기북스.

임붕영(2013). **1%리더만 아는 유머 대화법**. 서울: 미래지식.

임청풍(1959). **야담: 황희 정승과 대추나무**. 지방행정. 8권 75호. 269-270..

장수황씨대전연지회(1994). **황희 정승 방촌선생 일화집**. 대전: 두리전산사식.

정문자. 정혜정. 이선혜. 전영주(2012). **가족치료의 이해**. 서울: 학지사.

정지현(역. 2009). **대화의 심리학**(Michael P. Nichols 저). 서울: 씨앗을 뿌리는 사람.

조경인(역. 2008). **솔직함의 심리버튼**(Susan Campbell 저). 서울: 애플북스.

최종호(역. 2011). **써 먹는 심리학**(하라다 레이지 저). 서울: 진선books.

한국문학평론가협회(2006). **문학비평용어사전**. 국학자료원.

홍경자(2010). **자기주장과 멋진 대화**. 서울: 학지사.

황대연(2010). **조선왕조실록에서 가려 뽑은 황희 정승**. 서울: 공옥출판사.

황영선(1998). 황희의 생애와 사상. 서울: 국학자료원.

두산백과.

한국민족문화대백과.

한국현대문학대사전.

저자 소개

박진아(Park Jin-A)

청주교육대학교 초등교육과 졸업
청주교육대학교 교육대학원 교육학(초등상담교육 전공) 석사
현) 경기 독정초등학교 교사

〈논문〉
방촌 황희의 소통방식 연구(2014)

박성희(Park Sung-Hee)

서울대학교 대학원 교육상담학 박사
한국행동과학연구소 책임연구원
현) 청주교육대학교 교수

〈저서〉
시대를 넘어선 멘토, 아버지(2014)
인간관계의 필요충분조건(2014)
행복한 삶을 위한 생각처방전(2012) 외 다수

대화의 달인, 황희에게 배우는
소통의 철학

2015년 2월   5일 1판 1쇄 인쇄
2015년 2월 10일 1판 1쇄 발행

지은이 • 박진아 · 박성희
펴낸이 • 김진환
펴낸곳 • (주) **학지사**

　　　 121-828 서울시 마포구 양화로 15길 마인드월드빌딩
대표전화 • 02)330-5114　　　 팩스 • 02)324-2345
등록번호 • 제313-2006-000265호

홈페이지 • http://www.hakjisa.co.kr
커뮤니티 • http://cafe.naver.com/hakjisa

ISBN 978-89-997-0589-2 03180

인터넷 학술논문 원문 서비스 **뉴논문** www.newnonmun.com

이 도서의 국립중앙도서관 출판시도서목록(CIP)은 서지정보유통지
원시스템 홈페이지(http://seoji.nl.go.kr)와 국가자료공동목록시스템
(http://www.nl.go.kr/kolisnet)에서 이용하실 수 있습니다.
(CIP제어번호: 2015000221)